대화로 푸는 전도서

대 화 로
푸
가장 완벽한
인생의 결론
는

ECCLESIASTES

전 도 서

강신욱 지음

규장

prologue

　나의 첫 책인 《대화로 푸는 성경 : 창세기》에 많은 분이 관심을 보여주셔서 감사했다. 비신자와 성경을 공부한다는 것이 흥미로웠나보다. 또한 상호 소통이 어느 때보다 중요시되는 요즘 일방적인 설교에 비해 신선한 전달 방식이라고 여긴 것 같다.

　아무쪼록 교회와 이웃에게 복음을 전하려는 사람과 기독교와 성경에 대해 알고 싶은 사람에게 조금이라도 도움이 된다면 좋겠다.

　많이 받은 질문 중에 하나가 "그럼 기존 신자와는 성경공부를 하지 않나요?"였다.

　처음엔 기존 신자가 다른 교회에서 수평이동을 하면 혹시라도 작은 규모의 교회에 피해를 줄까봐 일부러 피했다. 그러나 현재 교회에 출석하지 않는, 소위 '가나안'(거꾸로 하면 안나가) 교인이라면 그들도 찾아야 할 대상일지 모른다는 생각에 마음을 고쳐먹었다.

마침 2022년 4월 부활절에 다른 교회를 빌려 오후 4시에 주일 예배를 시작할 때부터 예배에 참석한 부부가 있었다. 처음 만났을 때부터 "저는 비신자에게만 관심이 있습니다"라고 밝혔음에도 계속 초신자의 마음으로 배우겠다며 다가오셔서 예배 장소와 시간을 알려주었다.

내가 주중에 비신자들과 성경공부 하는 걸 알고, 그 내용을 낮은울타리 홈페이지와 SNS에서 보면서도 묵묵히 예배만 참석하는 것을 보고 문득 미안한 마음이 들었다.

'참 고마운 분들이니 성경공부를 제안해봐야겠구나.'

내가 제안했을 때 기다렸다는 듯 응해주어 감사했다. 그렇게 기존 신자와 성경을 공부하게 됐다. 왜 '전도서'를 택했는지는 본문 처음에 나온다.

비신자와 공부할 때는 그들이 성경 본문에 익숙하지 않아 거의 본문을 읽지 않지만, 기존 신자는 오히려 한 절 한 절 읽으며 공부하는 방법을 택했다. 그 이유는 성경이 문학이라는 도구에 담겨 우리에게 전달되었기 때문이다.

나는 성경을 읽으며 이런 의문을 가진 적이 있다.

'동시대인끼리도 제한된 문자에 제대로 의도를 담지 못해 말이나 글로 표현하고 후회할 때가 많은데, 왜 하나님은 무지하고 존재 자체가 다른 인간에게 글로 남기시는 방법을 택하셨을까?'

하지만 하나님이 택한 방법이 우리 사람에게 가장 선하고 합당하다고 믿는다. 그렇다면 때에 따라 역사, 시, 법전, 전기, 연설문처럼 기록된 성경의 문맥과 문학적 표현에 담긴 강조와 의미를 발견하고, 그 안에 담긴 하나님의 마음과 의도를 깨닫고 보물을 찾은 듯한 즐거움을 누리는 게 좋다고 본다.

이 책을 읽는 분이 '아, 이렇게 보면 뭐가 보이겠구나' 정도의 아이디어를 얻게 되기를 기대한다. 그리고 모든 교회에서 성경에 대해 자유롭게 질문하고 대화하는 분위기가 만들어지길 기대한다.

무엇보다 썩은 나뭇가지 같은 나를 사용해주신 하나님과 세상적으론 헛발질하는 것 같은 일을 의미 있다고 지지해준 가족과 아무 말 없이 기다렸다가 열성적으로 공부해주신 백중호, 안명순 부부와 첫 책을 좋게 봐주고 다음 책을 기다린다고 응원해준 모든 독자에게 감사드린다.

또한 초보 저자의 원고를 헌신(?)하는 마음으로 다시 출판해준 규장 여진구 대표님께 감사드린다.

전도서 본문에 나오는 대로 '본분'에 충실한 분들 덕분에 두 번째 책을 맞게 되어 더욱 감사하다.

모든 분이 평범한 일상의 신앙과 행복을 누리시길.

낮은울타리지기
강신욱

프롤로그

전도서를
공부하게 된 이유

　내가 담임하는 낮은울타리교회는 비신자와 초신자를 지향한다. 게다가 예배 처소가 없어 다른 교회의 예배당을 빌려 주일 오후 4시에 한 번만 예배한다. 그런데 이런 예배에 처음부터 꾸준히 참석하는 기존 신자 부부가 있다. 이분들은 내가 부산에 내려올 때부터 관심을 표하며 주일 예배를 시작하면 참여하고 싶다는 의사를 일찌감치 밝혔다.

　나는 따로 카페에서 두 분을 만나 말리는 뉘앙스로 말했지만 도리어 초신자의 자세로 배우고 싶다고 간곡하게 말해서 같이하기로 했다.

　2022년 4월 17일 부활주일부터 낮은울타리 주일 예배를 공식적으로 시작했다. 이 부부는 직장생활을 하는 아들과 함께 한 번도 빠짐없이 참석하고 있다. 아무리 초신자의 마음가짐을 가졌더라도 기존 예배 분위기에 익숙한 사실조차 없앨 순 없었다. 낮은울타리 예배가 초신자를 지향하기 때문에 분명 채워지지 않는 부분이 있을 거라고 여겼다. 그래도 늘 밝은 모습으로 참석해주어 나는 늘 미안하면서도 감사했다.

비신자들과만 성경공부를 한다는 것도 쓸데없는 고집 같아서 버리기로 했다. 그래서 두 분에게 성경공부를 하면 어떨지 조심스럽게 물었다.

"혹시 주중에 저와 성경공부를 할 수 있으신지요? 주중에 바쁘신 것 같던데요."

"그러면 저희야 좋죠. 그런데 목사님이 바쁘지 않으세요?"

"두 분이 일을 하셔서 주중에 시간을 낼 수 없는 줄 알았습니다. 저야 성경공부를 하신다면 대환영입니다."

"저희도 좋습니다."

"혹시 성경 중 공부하고 싶은 책이 있으세요?"

"지혜서를 공부하고 싶습니다."

"특별한 이유가 있으세요?"

"지혜를 얻고 싶어서요."

"예, 그러면 지혜서 중 전도서를 하면 어떨까요? 잠언은 한 절 한 절이 너무 짧은 속담 위주라 저도 할 말이 별로 없을 것

대화로 푸는

같아서요."

"좋습니다."

"그냥 커피 한 잔 마시며 대화한다 생각하시고 편한 마음으로 오십시오."

"성경책은요?"

"모니터를 보면서 할 거라 갖고 오지 않으셔도 됩니다."

"알겠습니다. 그때 뵙겠습니다."

이렇게 2022년 5월 25일에 '전도서 성경공부'가 시작되었다.

전도서를 공부하면서 다른 사람들에게 전도서에 관해 물은
적이 있다.

"전도서의 주제가 뭐라고 생각하세요?"
"전도서를 읽은 소감이 어떠세요?"
"전도서에서 기억하는 말씀이 있으세요?"
"전도서에 대한 인상을 한마디로 말한다면 뭐라고 하시겠어
요?"
"혹시 목사님의 설교에서 전도서에 대해 들은 적 있으세요?
뭐라고 하시던가요?"

질문은 나름 다양한 형식으로 해봤지만, 대답은 거의 비슷했다.

"헛되고 헛되니 헛되고 헛되도다."

놀라운 것은 목사들도 별로 다르지 않다는 것이다. 그러니
설교 시간에 목사가 언급하든, 성도들이 대화에서 농담처럼
인용하든 그 범위를 벗어나지 않는다.

대화로 푸는

질문을 이어서 해봤다.

"최근 언제 전도서를 읽으셨어요?"

그러고 보니 이 대답도 거의 비슷한 것 같다.

"좀 된 것 같은데요."

"오래전에요."

"학교 다닐 때 읽은 것 같은데…."

최근 전도서를 제대로 읽었다는 사람을 본 적이 없다.

전도서가 인격이 있다면 참 서운할 것 같다. 혹시 이렇게 말
하지 않을까?

"처음부터 끝까지 읽으면 아닌 걸 알 텐데. 나도 '성경'인데 상
식적으로 허무주의가 주제라는 건 말이 안 되지 않나요?"

이참에 전도서 읽기 운동이라도 해야 하는 걸까?

지혜서를
읽는다고
지혜로워지는 게
아니다

비신자들과 성경공부를 할 때는 먼저 1시간 정도 일상 대화를 했다. 그들이 자리에 앉자마자 다양한 일상을 쏟아놓기 때문이었다. 그런데 기존 신자는 바로 성경공부로 들어가려고 했다. 내가 자신들을 위해 일부러 시간을 내주었으니 조금이라도 덜 피곤하게 해야겠다는 배려인 듯했다.

그 마음을 알기에 감사하면서도 나는 다과를 하며 일상 대화를 더 하려 했다. 하지만 미처 30분이 되지 않아 "목사님, 바쁘신데 공부하시지요"라고 했고, 교제하는 자리에서 공부하는 자리로 옮겨 앉았다. 내가 모니터 반대편에 앉고, 모니터 좌우로 부부가 마주보고 앉았다. 내가 눈치가 없는 편인데도 이분들이 좀 어색해하는 게 느껴졌다.

보통 목사가 성경공부를 하면 여러 명을 대상으로 하는데 부부만 가까이 앉았기 때문인 것 같았다. 목사의 시선을 더 나눠줄 다른 사람 없이 부부가 절반씩 감당하려니 그런 모양이었다. 성경을 가지고 오지 않아도 된다고 했는데, 부인은 모범생같이 성경을 꺼내 책상 위에 놓았다.

"이렇게 성경공부를 한 적 있으세요?"

"청년 때 대학 선교단체에서 했고, 교회에서 제자훈련같이 공부한 적도 있지만 부부가 같이한 적은 없는 것 같습니다."

"전도서를 공부하는 건 부부가 합의하신 건가요?"

남편이 대답했다.

"아니요."

부인이 대답했다.

"저는 그냥 전해 들었습니다."

"아니, 두 분이 합의하신 줄 알았는데…."

"괜찮습니다. 저도 공부하고 싶었습니다. 오랜만에 성경공부를 한다니 떨리기도 해서 전도서를 다 읽고 왔습니다."

"예습까지 하셨군요. 감사합니다."

먼저 전도서 1장 1절부터 11절까지 나, 남편, 부인의 순으로 한 절씩 읽었다.

"1절에 전도서의 저자가 나옵니다. 누군지 아시겠어요?"

"솔로몬이요."

비신자에게서는 나올 수 없는 대답이다. 비신자는 성경에 있는 대로 "전도자요"라고 대답했을 것이다.

"예, 솔로몬 맞습니다. 그런데 전도서에는 '솔로몬'이란 이름이 한 번도 나오지 않습니다. 다만 '다윗의 아들 예루살렘 왕'이라고만 나오지요. 우리는 그게 누군지 알고 있죠. 그런 면에서 솔로몬이 쓴 잠언 앞부분과 비교해보겠습니다. 잠언 1장 1절부터 6절까지 한 절씩 읽어보겠습니다."

¹ 다윗의 아들 이스라엘 왕 솔로몬의 잠언이라 ² 이는 지혜와 훈계를 알게 하며 명철의 말씀을 깨닫게 하며 ³ 지혜롭게, 공의롭게, 정의롭게, 정직하게 행할 일에 대하여 훈계를 받게 하며 ⁴ 어리석은 자를 슬기롭게 하며 젊은 자에게 지식과 근신함을 주기 위한 것이니 ⁵ 지혜 있는 자는 듣고 학식이 더할 것이요 명철한 자는 지략을 얻을 것이라 ⁶ 잠언과 비유와 지혜 있는 자의 말과 그 오묘한 말을 깨달으리라 잠언 1:1-6

잠언과 전도서 vs 솔로몬과 전도자 사이

"잠언 1장 1절과 전도서 1장 1절을 비교해볼까요?"
"잠언에는 '솔로몬'이라고 했는데, 전도서에는 '전도자'라고 했네요."

대화로 푸는

"잠언은 솔로몬이 왕이 되고 나서 전반기에 쓴 책으로 알려져 있습니다. 그런데 서두 격인 1장 2절부터 6절까지 분위기가 어떤가요?"

"잠언을 읽으면 지혜를 얻게 된다고 하네요."

"예, 지혜와 훈계를 알고, 명철을 깨닫고, 공의롭고 정의롭고 정직하고 슬기롭게 되고, 지혜와 학식과 지략을 얻고, 오묘함을 깨닫게 될 거라고 합니다. 똑똑한 솔로몬의 자신만만함이 흘러넘치는 게 느껴지세요?"

"그러네요."

"그런데 전도서는 솔로몬의 집권 말기에 쓰인 책입니다. 자기 이름을 말하지 않고 '전도자'라고만 소개하고 이 책을 '전도자의 글'이라고 말하지요. 초기 저작인 잠언에서와 같은 자신만만함이 느껴지지 않습니다. 이것이 전도서의 특징입니다.

솔로몬은 중간에 이방 여인들과 정략결혼도 많이 하고 그들을 위해 우상 신전도 만들었습니다. 그래서 '과연 솔로몬이 천국에 갔을까?' 하고 의심하는 사람들도 있습니다. 그렇게 방황했던 것으로 보이는 솔로몬이 말기에 자신의 파란만장한 삶을 돌아보며 쓴 책이 전도서입니다. 솔로몬의 고백록과 같다고 볼 수 있지요.

그래서 똑같은 지혜서라도 잠언과는 분위기가 다릅니다. 잠언이 젊은이를 위한 지혜서라면 전도서는 나이가 좀 지긋한 사람을 위한 지혜서라고 볼 수 있지요. 물론 모든 세대가 잠언이나 전도서를 다 읽어도 되지만 깨닫고 유익을 얻는 면에서 조금 다를 수 있을 것 같습니다."

"지혜를 얻기 위해 지혜서를 공부하고 싶다고 하셨지요?"

"예."

"지혜서를 읽으면 지혜가 생긴다고 생각하는 사람들이 많습니다. 물론 좋은 속담 같은 내용이 많아 지혜를 얻기도 하지요. 그래서 많은 크리스천 부모가 아이들에게 잠언을 읽히지요. 31장이니까 한 달에 한 번 읽기도 좋고요. 저도 그렇게 잠언을 많이 읽었습니다."

"저도 그렇게 읽은 적이 있습니다."

"그런데 읽으니까 지혜로워지던가요?"

"별로던데요."

"저도 잠언을 읽었다고 공부를 더 잘하거나 하진 않았습니다. 성적을 잘 받으려면 차라리 그 시간에 공부를 더 하는 게 맞지요. 그런데 잠언을 총명탕처럼 생각하는 사람들이 의외로 많더군요. 그건 성경의 기록 목적과 달리 자신의 욕심을 위해 성경을 부적처럼 사용하는 것입니다. 전도서 역시 전도서를 공부했다고 해서 지혜로워지지는 않을 겁니다.

성경은 기록 목적이 있습니다. 구약은 이스라엘의 역사처럼 보이고 신약은 예수님의 전기처럼 보이지만, 이스라엘의 역사로 기록된 책도 아니고 예수님의 전기도 아닙니다. 타락한 인간에게 구원의 길을 알려주는 책입니다. 우리가 겪는 모든 인간사나 역사나 과학의 답을 성경에서 찾으려는 것도 무리한 시도입니다.

예수님이 "모세의 율법과 선지자의 글과 시편이 나를 가리켜 기록되었다"(눅 24:44)라고 하셨습니다. 하나님이 타락한 인간을 위해 구원자를 약속하셨고, 그 약속대로 구원자를 보내셨는데, 그분이 인간의 죗값을 대신 치르는 방식으로 구원하셨다는 걸 알리는 게 성경의 최우선 목적입니다. 그런 면에서 전도서도 예외가 아니지요.

한 장 정도씩 차근차근 보면서 가는 맛도 있지만, 그러면 중간에 '이 책이 도대체 어디로 가려고 이러나?' 의문이 들기도 합니다. 그래서 이 책이 어디로 가는지 먼저 알고 가는 것도 좋은 방법입니다. 헷갈리지 않을 수 있거든요. 그럼 전도서의 가장 마지막 두 절을 찾아보겠습니다. 전도서 12장 13절과 14절을 같이 읽어보겠습니다."

[13] 일의 결국을 다 들었으니 하나님을 경외하고 그의 명령들을 지킬지어다 이것이 모든 사람의 본분이니라 [14] 하나님은 모든 행위와 모든 은밀한 일을 선악 간에 심판하시리라 전도서 12:13-14

"전도서에는 다양한 내용이 나옵니다. 두 분은 '전도서'라고 하면 무엇이 생각나세요?"

"'헛되다' 하는 거요."

"맞습니다. 아마 대부분의 기독교인이 그렇게 알고 있을 것입니다. 성경적 가치관에서 벗어나는 것처럼 보이는 내용도 있고요. 그래서 자녀에게 전도서를 읽히지 않는 부모가 있다는 이야기도 들었습니다. 그건 자신이 전도서를 처음부터 끝까지 찬찬히 잘 읽어보지 않아서 그럴 겁니다.

전도서에 대한 설교를 잘 들어보지 못했고, 전도서에 대한 설명도 아마 다른 설교에서 지나치듯 '솔로몬이 전도서에서 헛되고 헛되며 헛되고 헛되다고 언급하지 않았습니까?'라는 식으로 들어서 그럴 겁니다.

그런데 보시다시피 전도서의 결론은 전도서의 이미지와 완전 다릅니다. '모든 행위와 모든 은밀한 일까지 심판하시는 하나님을 경외하라, 그분의 말씀을 청종하라'는 것이 전도서의 메시지입니다.

하나님이 성경을 통해 가장 강조하시는 메시지가 무엇입니까? 메시아를 약속하고 보냈고, 그를 믿으라는 겁니다. 복음서에 보면 소위 변화산에서 하나님이 마치 시내산에서처럼 구름 속에서 직접 말씀하십니다. 예수님의 말씀을 들으라고요.

전도서도 마찬가지입니다. 결코 '헛됨'을 말하는 책이 아니라
결국 '복음'을 말하는 책입니다."

전도서의 주제는 헛되다?

(1:1-11)

"1절부터 11절에서 눈에 띄는 표현을 찾아보시겠어요?"

"'헛되다'가 많이 나옵니다."

"그렇죠. 2절에 몇 번 나오는지 세어보시겠어요?"

"다섯 번요."

"예. 성경에서 보통 반복하면 강조하는 것이고, 세 번 반복하면 정말 강조하는 겁니다. 그런데 시작하자마자 '헛되다'를 다섯 번이나 반복하니 정말 '헛되다'를 강조하는 것으로 보입니다. 전도서 전체로는 '헛되다'를 37회나 반복합니다."

변하는 게 없다!

"관건은 무엇을 헛되다고 하는지, 왜 헛되다고 하는지를 파악하는 것인데, 단순히 '헛되다'에만 각인된 것 같습니다. '헛되다' 외에 또 뭐가 보이세요?"

"'돌아간다'가 자주 나옵니다."

"맞습니다. 잘 보셨네요. 5절과 6절에 '돌아간다'가 다섯 번 반복해서 나옵니다. 그런데 '돌아간다'가 그렇게만 나오는 게 아닙니다. 5절부터 7절까지 해와 바람과 강물이 나오는데, 같은 특징을 언급하고 있습니다. 아침에 해가 어느 쪽에서 뜨죠?"

"동쪽이죠."

"그다음 날에는요?"

"역시 동쪽이죠."

"그러기 위해선 태양이 동쪽에서 떴다가 서쪽으로 진 다음 다시 동쪽으로 돌아가야 합니다. 물론 태양이 움직이는 게 아니라 지구가 자전하는 것이지만, 지금은 천동설이냐 지동설이냐가 논점이 아니라 '돌아간다'라는 게 중점입니다.

6절에 나오는 바람도 이리 불고 저리 불며 다시 처음 그 불던 곳으로 돌아갑니다. 북반구의 편서풍이나 남반구의 편동풍이 불면 지구를 한 바퀴 돌아 제자리로 돌아가지요.

7절의 모든 강물도 바다로 흐르지만 바다가 넘치지 않으며 물은 다시 비가 되어 강물로 흐르지요. '그리로 연하여 흐르느니라'는 '흘렀던 곳으로 되돌아가 다시 흘러내린다'라는 의미입니다. 솔로몬이 자신이 연구한 지구과학적 지식을 아주 간결하게 정리한 것입니다."

"이게 단순한 내용이 아니군요."

"실은 4절부터 7절까지 한 세대가 가고 오고, 해가 뜨고 지고, 바람이 불고, 강물이 흐른다는 표현이 모두 '돌아간다'라는 의미입니다. 그러니까 사람이든 자연이든 하루도 쉬지 않고 열심히 움직이지만 결국 제자리로 돌아간다는 겁니다.

8절에 표현된 대로 인간을 포함한 모든 만물이 피곤하도록 움직이고 있습니다. 하지만 변하는 게 없습니다. 4절 마지막에 나와 있는 것처럼 땅은 그대로 있습니다. 3절에 있는 대로 '해 아래에서의 모든 수고'가 헛된 것처럼 보입니다."

허무주의 설파?

"9절과 10절에서 반복되는 표현을 찾아보시겠어요?"

"'새것이 없다'라는 표현이 자주 나오는 것 같습니다."

"예, 사람들이 무엇을 한다고 하는데 그 모든 것은 있던 것이 다시 있고, 이미 한 일을 다시 하는 거라고 합니다. 왜 그럴까요? '인간은 역사를 쓰기는 하지만 역사로부터 배우지 못한

대화로 푸는

다'라는 말이 있습니다. 11절처럼 이전 세대를 기억하지 않는 거지요. 그래서 반복되는 겁니다. 그러니 현재 세대도 미래 세대도 기억되지 않을 겁니다.

계속 다람쥐가 쳇바퀴를 돌리는 것과 같은 삶이 계속되고 있다고 말합니다. 그러니 인간이나 만물이 다 헛되다는 거지요. 이런 분위기의 철학 사조가 무엇일까요?"

"허무주의요?"

"예, 허무주의입니다. 라틴어로 '없음'을 의미하는 단어가 '니힐'(nihil)이라 '니힐리즘'(nihilism)이라고 합니다. 허무주의는 기존의 가치를 부정하는 사상입니다. 이는 두 가지 양상으로 나타나는데요, 보통 우리가 알고 있는 '모든 것이 헛되다'라고 해서 절망하고, 방황하고, 퇴폐적인 분위기로 가는 수동적 허무주의와 기존의 가치를 과감하게 파괴하고 새로운 질서를 재건해야 한다는 능동적 허무주의가 있습니다. 히틀러의 나치가 그런 셈이지요."

"허무주의가 그냥 '헛되다'가 아니네요."

"자신을 전도자로 소개한 솔로몬이 역사적으로는 한참 뒤에 등장하는 허무주의의 내용을 설파합니다. 인간의 역사와 자연과학을 연구해보니 다 헛되다는 거지요. 허무주의의 두 가지 입장에서는 어느 쪽으로 보이세요?"

"수동적 허무주의처럼 보입니다."

"예, 우리가 읽은 첫 번째 단락은 이렇게 마무리되는데, 문제는 솔로몬이 왜 이런 결론을 내리게 되었느냐는 거지요. 전도서든 다른 책이든 '헛되다' 또는 '세상이 어떻다'라고 말할 때 저자가 왜 그렇게 생각하게 되었는지, 그래서 어쩌자는 건지 생각하고 살펴야 합니다."

"그냥 읽기만 했지, 그런 생각은 못 했던 것 같습니다."

"이제부터 저와 같이하시면 되지요."

대화로 푸는

전도서는
구원을 소망하는 책

(1:12-18)

전도서 1장 12절부터 18절까지 한 절씩 돌아가며 읽었다.

"12절에 '나 전도자는 예루살렘에서 이스라엘 왕이 되어'라고 했는데, 어디서 본 것 같지 않으세요?"

"1절과 비슷한 것 같습니다."

"네. 1절 이하에 '헛되다'라고 한 것처럼 12절 이하도 '헛되다'가 반복됩니다. 솔로몬이 예루살렘에서 왕이 되었을 때 어떻게 지냈는지 아세요?"

"엄청 화려하게 지냈겠지요."

"그 내용이 열왕기상 4장 21절부터 23절까지에 나옵니다. 한번 찾아 읽어보시겠어요?"

²¹ 솔로몬이 그 강에서부터 블레셋 사람의 땅에 이르기까지와 애굽 지경에 미치기까지의 모든 나라를 다스리므로 솔로몬이 사는 동안에 그 나라들이 조공을 바쳐 섬겼더라 ²² 솔로몬의 하루의 음식물은 가는 밀가루가 삼십 고르요 굵은 밀가루가 육십 고르요 ²³ 살진 소가 열 마리요 초장의 소가 스무 마리요 양이 백 마리이며 그 외에 수사슴과 노루와 암사슴과 살진 새들이었더라 열왕기상 4:21-23

"솔로몬은 이스라엘을 다스리고 주변 나라들로부터 조공을 받으며 한마디로 호의호식하며 살았습니다. 보통 호의호식하는 왕들이 허랑방탕하기 마련인데, 솔로몬은 그걸 배경으로 공부합니다. 세상에 관해 연구하고 정리하는 일을 한 거지요."

지혜의 왕 솔로몬

"그것이 13,14,17절에 세 번 반복해서 나옵니다. 13절 '마음을 다하며 지혜를 써서 하늘 아래에서 행하는 모든 일을 연구하며 살핀즉', 14절 '내가 해 아래에서 행하는 모든 일을 보았노라', 17절 '내가 다시 지혜를 알고자 하며 미친 것들과 미련한 것들을 알고자 하여 마음을 썼으나.'

얼마나 연구했는지 열왕기상 4장 29절부터 34절까지 나옵니다. 그것도 읽어보시겠어요?"

> ²⁹ 하나님이 솔로몬에게 지혜와 총명을 심히 많이 주시고 또 넓은
> 마음을 주시되 바닷가의 모래 같이 하시니 ³⁰ 솔로몬의 지혜가 동
> 쪽 모든 사람의 지혜와 애굽의 모든 지혜보다 뛰어난지라 ³¹ 그는
> 모든 사람보다 지혜로워서 예스라 사람 에단과 마홀의 아들 헤만
> 과 갈골과 다르다보다 나으므로 그의 이름이 사방 모든 나라에
> 들렸더라 ³² 그가 잠언 삼천 가지를 말하였고 그의 노래는 천다섯
> 편이며 ³³ 그가 또 초목에 대하여 말하되 레바논의 백향목으로부
> 터 담에 나는 우슬초까지 하고 그가 또 짐승과 새와 기어다니는
> 것과 물고기에 대하여 말한지라 ³⁴ 사람들이 솔로몬의 지혜를 들
> 으러 왔으니 이는 그의 지혜의 소문을 들은 천하 모든 왕들이 보
> 낸 자들이더라 열왕기상 4:29-34

"당시 현자라던 에단, 헤만, 갈골, 다르다보다 지혜롭고,
속담을 3천여 개나 말하고, 시를 1005편이나 지었고, 그중에
두 개는 시편 72편과 127편입니다. 또 식물학, 동물학, 어류
학까지 섭렵했습니다."
"지혜가 많아서 잠언을 쓴 줄은 알았지만, 그 정도인 줄은
몰랐습니다."

"참 대단하죠. 완전 이스라엘의 세종대왕입니다. 세종대왕

보다 2천 년 전에 이런 왕이 있었습니다. 솔로몬 자신도 16절에서 '내가 크게 되고 지혜를 더 많이 얻었다'라고 인정했습니다.

그런데 그 애쓴 공부의 수고에 대해 뭐라고 했는지 보겠습니다. 13절 '이는 괴로운 것이니 하나님이 인생들에게 주사 수고하게 하신 것이라', 14절 '모두 다 헛되어 바람을 잡으려는 것이로다', 15절 '구부러진 것도 곧게 할 수 없고 모자란 것도 셀 수 없도다', 17절 '이것도 바람을 잡으려는 것인 줄을 깨달았도다.' 앞 단락에서 말했던 것처럼 '헛되다'의 의미를 담고 있는 표현들입니다.

전도서 7장 23절과 24절에 보면 '내가 이 모든 것을 지혜로 시험하며 스스로 이르기를 내가 지혜자가 되리라 하였으나 지혜가 나를 멀리 하였도다 이미 있는 것은 멀고 또 깊고 깊도다 누가 능히 통달하랴'라고 오히려 자신의 무지함을 깨닫게 되었다고 말합니다.

이와 비슷한 표현이 신약에도 나오지요. 로마서 11장 33절에 '깊도다 하나님의 지혜와 지식의 풍성함이여, 그의 판단은 헤아리지 못할 것이며 그의 길은 찾지 못할 것이로다'라고 했습니다."

대화로 푸는

진리를 추구하는 공부와 수고로도

"솔로몬은 타고난 지혜와 지식이 있음에도 불구하고 더욱 지혜와 지식을 추구함으로 진리에 도달하려 했으나 그는 자신이 한계에 부딪혔음을 솔직히 인정했습니다. 그 솔직한 심정이 18절에 나와 있습니다. '지혜가 많으면 번뇌도 많으니 지식을 더하는 자는 근심을 더하느니라.' 이를 우리에게 익숙한 표현으로 하면 '식자우환'(識字憂患)입니다. '아는 게 병이다', 그러니 '모르는 게 약이다'이지요.

여기서 우리가 놓치지 말아야 할 것은 솔로몬이 단순히 허무주의를 말하는 게 아니라는 겁니다. 그는 영원한 진리를 추구하기 위해 공부를 했습니다. 그런데 그 공부로는 진리에 도달할 수 없고, 남보다 많은 지혜와 지식이 있어도 번뇌와 근심이 끊이지 않더라는 겁니다. 뜬금없는 이야기지만 혹시 《홍길동전》의 배경이 언제인지 아세요?"

"글쎄요. 모르겠는데요."

"탐관오리가 날뛰고 백성이 어려워 의적 홍길동이 등장한 배경이 놀랍게도 세종대왕 때입니다."

"정말요? 놀랍네요."

"옛말에 '무지와 가난은 나라님도 어떻게 할 수 없다'라고 했습니다. 홍길동전이 소설이긴 해도 아마 실제로 백성을 위해 공부하고 선정을 베풀기 위해 애쓴 세종대왕도 그런 한계에 부딪혔을 겁니다. 솔로몬도 마찬가지입니다. 많은 지혜와 지식이 번뇌와 근심에서부터 자신과 백성을 구원해주지 못하는 걸 깨닫고, 그 공부와 수고가 '헛되다'라고 말한 것입니다.

공부와 수고가 아무 가치가 없다는 게 아니라 그 공부와 수고가 자신을 구원해주는 게 아니라는 걸 말하는 겁니다. 오늘은 여기까지 하겠습니다."

"전도서가 완전히 새롭게 보입니다. '헛되다'를 말하는 책인 줄 알았는데, 그게 아니라 구원을 바라는 책인 것을 깨달았습니다. 그것이 놀랍습니다."

"그렇게 봐주셔서 감사합니다."

대화로 푸는

솔로몬이
향락에 빠진 이유
(2:1-2)

　　오늘은 성경공부하는 책상에 앉았을 때, 두 부부가 똑같이 A4지 인쇄물을 꺼냈다.

　　"그게 뭔가요?"

　　"전도서 2장을 프린트한 겁니다."

　　자세히 보니 전도서 2장이 조금 큰 글씨로 적혀 있었고, 오른편과 아래쪽에 노트처럼 가로줄이 그어진 빈 곳이 있었다. 남편이 필기하려고 일부러 만들었다고 했다. 1장을 공부할 때 성경에 메모하기엔 내용이 너무 많았던 것 같다. 열심히 필기하기 위해 본문과 노트를 만들어 온 마음이 참 귀하고 감사했다.

　　"전도서 2장 1절만 한번 읽어보세요. 어떤 단어가 가장 많이 반복되고 있나요?"

"'나'요."

"맞습니다. 일인칭 '나'와 '내'가 반복되고 있습니다. 두 번 나오는 '너'도 결국 자신을 말하는 것이니까 1절에 '나'가 다섯 번 나오는 겁니다."

"많이 나오네요."

내가 낙을 누려보겠다!

"누가복음 12장 16절부터 19절까지 찾아서 한번 읽어보시겠어요."

16 또 비유로 그들에게 말하여 이르시되 한 부자가 그 밭에 소출이 풍성하매 17 심중에 생각하여 이르되 내가 곡식 쌓아 둘 곳이 없으니 어찌할까 하고 18 또 이르되 내가 이렇게 하리라 내 곳간을 헐고 더 크게 짓고 내 모든 곡식과 물건을 거기 쌓아 두리라 19 또 내가 내 영혼에게 이르되 영혼아 여러 해 쓸 물건을 많이 쌓아 두었으니 평안히 쉬고 먹고 마시고 즐거워하자 하리라 하되 누가복음 12:16-19

"이건 예수님이 말씀하신 '어리석은 부자' 비유입니다. 여기서 자주 반복되는 단어를 찾아보시겠어요?"

대화로 푸는

"'내가'가 많이 나오네요."

"예, 맞습니다. 우리말로도 여섯 번이 나오는데요, 헬라어는 인칭에 따라 동사가 다르게 생겼거든요. 그러니까 동사마다 '내가'가 있는 것이나 마찬가지입니다. 내가 헐고, 내가 짓고, 내가 쌓고, 내가 쉬고, 내가 먹고, 내가 마시고, 내가 즐거워하겠다는 거지요. 보통 사람들은 돈이 많으면 흥청망청하게 됩니다. 솔로몬이 그걸 하겠다는 거예요. '내가 나를 즐겁게 하고 내가 낙을 누리겠다'라고 했습니다.

그런데 솔로몬에게는 큰 차이가 있습니다. 그는 이걸 '시험 삼아' 하겠다고 했습니다. 이 '시험 삼아'라는 단어를 영어로 하면 'prove', 'test'입니다. 뭔가 증명해보겠다는 거지요. 돈 많은 걸 자랑하고, 흥청망청 쓰고 싶고, 왕이니까 마음대로 일탈하고 싶어서 하는 게 아니라는 겁니다. 그러면 무엇 때문일까요?

솔로몬은 2절에 자기가 예전에 이런 이야기를 했노라고 말합니다. '웃음을 따르는 삶은 미친 것이고, 희락은 실로 무익하다'라고 했다는 겁니다.

잠언 14장 13절을 한번 찾아 읽어주시겠어요?"

13 웃을 때에도 마음에 슬픔이 있고 즐거움의 끝에도 근심이 있느니라 잠언 14:13

"예, 웃는다고 마음의 100퍼센트가 웃는 게 아니라 정반대의 슬픔도 내면에 같이 있고, 즐겁다고 마음의 100퍼센트가 즐거운 게 아니라 마음 구석 어딘가에 근심도 같이 있다는 겁니다. 이미 솔로몬이 이런 말들을 했습니다. 그런데 작정하고 사치, 유흥, 향락에 빠져보겠다는 겁니다."

쾌락과 행복이라는 진리 추구

"왜죠? 솔로몬은 지혜로운 사람인데요."

"진리를 추구하기 위해서입니다."

"예? 진리를 찾기 위해 유흥에 빠진다고요?"

"예, 이런 사조가 그리스 철학에도 있었습니다. 소크라테스의 제자 아리스티포스가 주창(主唱)한 '쾌락주의'입니다. '헤도니즘'(Hedonism)이라고도 하는데, 이걸 주장한 학파가 '퀴레네 학파'입니다. '학파'라고 했지요? 이건 그냥 향락에 빠지는 게 아니라 진리와 지식을 추구하는 철학의 한 사조입니다.

실은 그리스에 쾌락주의 철학이 나오기 약 600년 전에 솔로몬이 다 해본 겁니다. 해 아래 새것이 없지요. 이런 흐름은 지금도 있습니다. 바로 '공리주의'(功利主義)입니다. 19세기 제러미 벤담에 의해 주장된 것인데, '최대 다수의….'"

"최대 행복."

대화로 푸는

"예, 맞습니다. 더 많은 사람이 더 많은 행복을 누리게 하자는 건데, 참 좋게 들립니다. 아주 좋은 복지국가가 하는 일처럼 보입니다. 그런데 그 저변에 '쾌락주의'가 있습니다. 여기에서의 '쾌락'은 나쁜 의미가 아닙니다. 그냥 '행복'이라고 봐도 좋습니다. 아리스토텔레스도 인간이 추구하는 것이 '행복'이라고 했습니다. 사람이 '행복'하면 그게 '진리' 아니냐는 거지요.

그런데 과연 그럴까요? 솔로몬이 바로 그 일을 증명하기 위해 자신을 던진 겁니다."

지혜의 왕이 택한
어리석음
(2:3-8)

"솔로몬은 진리를 추구하는 사람이었습니다. 그는 진리에 도달하기 위해 다양한 방법을 시도합니다.

3절에 보면 의도적으로 인간적인 쾌락과 행복을 추구하기로 했다는 표현이 반복해서 나옵니다. 일단 처음에 '내가 내 마음으로 깊이 생각하기를'이라고 해서 고민한 흔적이 나옵니다. 그리고 '내가 어떻게 하여야'가 두 번 반복되지요. 진리에 도달하고픈 간절한 자신의 마음을 표현한 거죠."

대화로 푸는

왕이 '어리석음'을 취하다

"솔로몬이 쾌락과 행복을 통해 진리에 도달하려고 취한 첫 번째 방법은 '술'입니다. 사람이 술을 마시면 약간 철학자처럼 되는 경향이 있지 않습니까? 첫 문장은 '지혜를 얻으려고 술에 빠지기도 했다'라는 의미거든요.

둘째는 '어리석음'입니다. 이건 진짜 바보처럼 살았다는 의미가 아닙니다. 솔로몬 자신이 이미 왕으로서 백성에게 도움이 되지 않는 어리석은 짓이라고 선언했던 일들조차 진리에 도달하려는 마음으로 취해보았다는 의미입니다."

"보통 사람으로서는 도저히 생각할 수 없는 일이군요."

"솔로몬에게는 두 가지가 맞아떨어진 것 같아요. 일단 그가 모든 것을 마음대로 할 수 있는 왕이었고, 평화로운 시대에 돈이 많았다는 것입니다. 우리 같은 사람은 생각하기도 어렵고, 혹시 생각하더라도 시도하기가 어렵지요. 치러야 할 대가가 크니 굳이 해볼 엄두가 나지도 않고요. 우리는 그저 다 경험해본 솔로몬의 이야기를 따라가보면 됩니다."

"그게 안전할 것 같습니다."

"물론이죠. 이어서 4절부터 10절까지는 솔로몬이 진리를 추구하기 위해 잠시 붙잡았던 '어리석음'의 내용들이 나옵니다. 솔로몬이 '어리석음'이란 단어를 사용한 것으로 봐서 정말 무모한 시도였음을 자신도 인정한 것 같습니다. 후손들은 절대 이런 식으로 진리를 추구하지 말라는 의미도 담겼으리라 생각됩니다.

4절에 '나의 사업을 크게 하였노라'라고 했는데, 첫째는 '토목 공사'입니다. 열왕기상 9장에 보면 성전과 왕궁을 20년간 지은 것 외에 이스라엘 전역에 정부 창고인 국고성, 그걸 지키기 위한 병거성과 마병성을 짓고, 레바논까지 그가 다스리는 땅에 건축하고자 하던 건 다 건축했다고 나옵니다.

5절과 6절에 포도원과 과수원을 만들고, 삼림과 인공 연못까지 만들었다고 합니다. 참 대단하죠?"

"솔로몬이 그냥 하나님이 주신 부와 영화를 누리며 성전과 왕궁을 지었다고만 생각했는데 다른 사정이 있었네요."

"우리는 성경을 읽을 때 주인공 시각에서 읽는 버릇이 있는 것 같습니다. 우리는 솔로몬의 시각으로만 읽었습니다. 물론 솔로몬을 통해 신앙적으로 배우는 것도 많습니다만, 사실 대부분의 사람은 당시 백성의 입장으로 사는 것 아니겠습니까? 수십 년 토목 공사를 감당했다고 생각해보십시오. 오죽했으면 솔로몬이 죽고 아들인 르호보암이 왕위에 올랐을 때 백성의 대표들이 찾아와서 '장기간의 토목 공사로 너무 힘드니 공사를 줄여달라'라고 부탁까지 했겠습니까?

르호보암이 자존심을 내세우며 '못 줄이겠다'고 하고 백성의 말을 들어주지 않자 백성이 등을 돌려 결국 북이스라엘과 남유다로 나뉘게 되었지요. 물론 하나님께서 이미 예언하신 내용이 있긴 하지만 사람 사이에 벌어진 결정적 열쇠가 된 이유는 토목 공사였습니다."

"이면을 전혀 생각해보지 않았습니다."

"이런 대규모 토목 공사를 계속하려면 뭐가 필요할까요?"

"재정이요."

"솔로몬은 돈이 많았으니까 그건 충분했습니다. 그다음에는요?"

"일할 사람이요."

"맞습니다. 솔로몬이 붙잡은 두 번째 '어리석음'은 토목 공사에, 그리고 자기의 농장이나 삼림을 관리할 일꾼이 많이 필요하니까 남녀 노예를 많이 산 겁니다. 사기만 한 것이 아니고 노예들끼리 결혼시켜 노예를 많이 출산하도록 했습니다. 좀 씁쓸한 대목이죠."

어리석은 재산, 남녀, 처첩

"세 번째 '어리석음'은 소나 양 같은 가축을 선왕보다 훨씬 더 많이 소유하는 겁니다. 소나 양을 많이 소유하면 그만큼 목자들이나 먹이가 많이 필요했겠지요. 네 번째 '어리석음'은 각종 보화를 쌓는 것이었습니다. 결국 세 번째와 네 번째 '어리석음'은 재산을 많이 쌓는 겁니다.

누가복음 12장에 나오는 '어리석은 부자'와 똑같이 행한 거죠. 요즘 기독교인들이 입으로는 하나님을 의지한다고 하면서 실은 보이지 않는 하나님보다 통장 잔액을 더 든든하게 생각하는 것과 마찬가지고요."

"아….."

나의 신랄한 표현에 동감을 하면서도 적극적으로 맞장구치지 못하는 망설임이 느껴졌다.

"다섯 번째 '어리석음'은 여흥을 위해 노래하는 남녀들과 쾌락을 위해 처첩을 많이 둔 겁니다. 열왕기상 11장에 보면 솔로몬의 후궁이 700명, 첩이 300명으로 나옵니다. 저 같으면 1천 명의 이름을 다 기억하지도 못할 것 같습니다. 궁에서 마주쳐 후궁이 인사하는데 '너는 누구냐?' 묻게 생겼습니다. 솔로몬은 머리가 좋아서 다 기억했는지 모르죠.

그리고 그들이 아이들도 낳았겠죠. 절반만 낳아도 500명인데 누가 누구의 자식인지 다 기억하려면 골치가 아팠을 것 같습니다. 그런데 솔로몬은 달랐던 것 같습니다. 저처럼 골치가 아팠으면 10명쯤에서 멈췄을 텐데, 1천 명까지 간 걸 보면 대단한 사람임에는 분명합니다."

대화로 푸는

어리석음을 통해 깨달은 지혜
(2:9-26)

　"여섯 번째 '어리석음'의 내용이 10절 앞부분에 나옵니다. 무엇이든 자기가 원하는 것이나 즐거워하는 것을 절제하지 않고 마음대로 행해보았다는 겁니다. 어느 정도까지 갔냐 하면 하나님을 배반하고, 이방 여인을 사랑하고, 우상 신전을 짓고, 우상을 숭배까지 할 정도였습니다. 심지어 하나님이 일부러 말리는 메시지를 주셨는데도 듣지 않고 자기가 하고 싶은 대로 계속할 정도였습니다.

　그 내용이 열왕기상 11장 1절부터 10절에 나옵니다."

¹ 솔로몬 왕이 바로의 딸 외에 이방의 많은 여인을 사랑하였으니 곧 모압과 암몬과 에돔과 시돈과 헷 여인이라 ² 여호와께서 일찍

이 이 여러 백성에 대하여 이스라엘 자손에게 말씀하시기를 너희는 그들과 서로 통혼하지 말며 그들도 너희와 서로 통혼하게 하지 말라 그들이 반드시 너희의 마음을 돌려 그들의 신들을 따르게 하리라 하셨으나 솔로몬이 그들을 사랑하였더라 3 왕은 후궁이 칠백 명이요 첩이 삼백 명이라 그의 여인들이 왕의 마음을 돌아서게 하였더라 4 솔로몬의 나이가 많을 때에 그의 여인들이 그의 마음을 돌려 다른 신들을 따르게 하였으므로 왕의 마음이 그의 아버지 다윗의 마음과 같지 아니하여 그의 하나님 여호와 앞에 온전하지 못하였으니 5 이는 시돈 사람의 여신 아스다롯을 따르고 암몬 사람의 가증한 밀곰을 따름이라 6 솔로몬이 여호와의 눈앞에서 악을 행하여 그의 아버지 다윗이 여호와를 온전히 따름 같이 따르지 아니하고 7 모압의 가증한 그모스를 위하여 예루살렘 앞산에 산당을 지었고 또 암몬 자손의 가증한 몰록을 위하여 그와 같이하였으며 8 그가 또 그의 이방 여인들을 위하여 다 그와 같이 한지라 그들이 자기의 신들에게 분향하며 제사하였더라 9 솔로몬이 마음을 돌려 이스라엘의 하나님 여호와를 떠나므로 여호와께서 그에게 진노하시니라 여호와께서 일찍이 두 번이나 그에게 나타나시고 10 이 일에 대하여 명령하사 다른 신을 따르지 말라 하셨으나 그가 여호와의 명령을 지키지 않았으므로 열왕기상 11:1-10

대화로 푸는

모든 자들보다 창성하였던 왕

"그때 솔로몬의 형편이 어땠는지 9절에 나옵니다. 한번 다시 읽어주시겠어요?"

"내가 이같이 창성하여 나보다 먼저 예루살렘에 있던 모든 자들보다 더 창성하니 내 지혜도 내게 여전하도다."

"어떤 단어들이 눈에 들어오세요?"

"'창성'이요."

"솔로몬이 자기의 형편을 두 번이나 반복합니다. 자기가 '창성'하대요. '번성'보다 더 왕성하다는 거죠. '창성'한데 '지혜'도 여전하다고 합니다. 쉬운 말로 하면 '나는 돈이 너무 많아서 하고 싶은 것 다 하고, 너무 똑똑해서 모르는 것이 없다'라는 겁니다. 이런 솔로몬의 형편을 들으니 어떠세요?"

"부럽죠."

"하하, 저도 부럽습니다. 10절 후반에 솔로몬은 이 모든 것이 자기가 수고해서 얻은 것이라서 자기 스스로 뿌듯해하고 즐기는 것이라고 합니다. 그런데 가만히 보십시오. 세상 사람들이 열심히 사는 이유, 삶의 목적이 여기에 있습니다. 9절처럼 남들보다 돈이 많고, 똑똑하고 싶은 겁니다. 그래서 열심히 수고합니다. 그리고 내 수고로 얻었으니 내 맘대로 쓰고 즐기는 겁니다. 그렇지 않나요?"

"그러네요."

"학생들이 열심히 공부하는 건 좋은 성적을 내기 위해, 좋은 성적을 얻으려는 건 좋은 직장에 가기 위해, 좋은 직장이라는 건 많은 연봉을 주는 회사지요. 그래야 좋은 조건으로 결혼도 합니다. 그 정도로 만족 못하고 종잣돈이 있으면 투자하고, 종잣돈이 없으면 겹벌이(two job)를 하죠. 그래서 40세 전후로 조기 퇴직해서 그때부터 자기가 하고 싶은 일을 하면서 지내겠다는 겁니다. 그렇게 열심히 해서 거기까지 올라갈 필요가 없는 사람이 '건물주'지요."

"창조주보다 더 뛰어난 게 건물주라고 하더라고요."

"청소년들이 가장 되고 싶은 사람이 '건물주'라고 합니다. 솔로몬은 수고라도 했는데, 수고도 하지 않고 먹고 노는 삶을 원합니다. 그만큼 이 사회가 빈부격차가 크고, 보이는 것에 민감하고, 욕구불만이 가득하다는 것이겠지요. 이게 바로 '쾌락주의' 사조에 깊이 물들어 있다는 증거입니다."

"큰일이네요."

"11절에 솔로몬이 말합니다. '그 후에'는 자기가 하고 싶은 일을 다 하고, 그래서 일어나는 일들을 다 겪었다는 거죠. 세상만사가 좋은 일만 있겠습니까? 당연히 부작용도 있지요. 자기가 한 모든 수고와 벌인 일들이 바람을 잡는 것처럼 헛되고 무익했다는 겁니다. 여기서 다시 점검하겠습니다. 솔로몬이 왜 재물을 쌓고 하고 싶은 대로 다 했다고 했지요?"

"진리를 찾기 위해서요."

대화로 푸는

"맞습니다. 솔로몬이 진리를 찾기 위해 철학 사조로 하면 쾌락주의적 방법으로 여러 가지를 시도해봤는데 진리에 도달하지 못하고 오히려 깊은 공허감에 빠지게 되더라는 말입니다. 세상에서 행복의 조건이라는 것을 추구하고, 다 얻고 누리면 행복할 것 같은데 실상은 행복하지 않더라는 겁니다."

지혜자나 우매자가 매일반

"다음 12절부터 16절까지 어떤 단어들이 자주 나오는지 찾아보시겠어요?"

"'지혜'와 '우매'가 자주 나오네요."

"맞습니다. 다섯 절 안에 '지혜'와 '우매'가 다섯 번씩이나 반복되고 있습니다. 성경은 이처럼 자주 나오는 표현을 발견하고 그 단어를 중심으로 보면 재미도 있고 이해하기도 쉽습니다.

솔로몬은 '지혜'와 '우매'를 다 보았다고 말합니다. 지혜를 추구하며 많은 저술을 남기기도 했고, 앞에서 말한 것처럼 진리에 도달하려고 일부러 '어리석음'에 머물기도 했으니까요. 그래서 어떤 새로운 것을 시도했는지, 어떤 새로운 것을 깨달았는지 스스로 돌아봤을 때 별로 새로운 게 없다고 말합니다.

12절 마지막에 '이미 행한 지 오래전의 일일 뿐이리라'고 한 것이 그 의미입니다. 13절과 14절에는 '지혜'가 '우매'보다 뛰어남을 빛과 어두움에 비유해서 말합니다. 그 정도로 어리석은 것보다 똑똑한 것이 낫다는 겁니다.

사실 세상 살면서 똑똑하면 훨씬 많은 것을 챙기며 누릴 수 있긴 합니다. 솔로몬은 그래서 지혜를 추구했고, 지혜를 뛰어넘는 진리를 추구했습니다. 그런데 늦게 깨닫게 된 것이 있습니다. 지혜자나 우매자나 세상 살면서 당하는 일이 거의 비슷하다는 사실입니다.

14절에 '지혜자와 우매자가 당하는 일이 모두 같다', 15절에 '우매자가 당한 것을 지혜자인 나도 당한다', 16절에 '지혜자나 우매자 모두 잊혀진다', '지혜자의 죽음이 우매자의 죽음과 똑같다'라고 네 번이나 반복합니다.

17절에서 이 단락의 결론을 말하죠. 지혜를 추구하고, 진리를 찾기 위해 수고하고, 해 아래에서 새로운 일을 찾아보기 위해 애쓴 모든 것들이 다 무익하고 헛되다는 겁니다. 왜 그런지 아시겠어요?"

"글쎄요."

"자기가 수고했는데 영원히 누리지 못하는 겁니다. 솔로몬처럼 많은 것을 누린 사람은 죽는 게 너무 아쉬운 겁니다. 동양에도 만리장성을 세운 진시황이 불로초를 얻기 위해 만방으로 신하들을 보냈다고 하지 않았습니까. 죽음을 피할 수 없

대화로 푸는

다면 오래도록 생생하게 기억되기라도 했으면 좋겠는데, 후대 사람들은 아무리 뛰어난 사람도 지극히 평범한 사람을 잊듯이 잊어버린다는 겁니다. 솔로몬은 그게 너무 아쉽고 속상한 겁니다."

손이 수고한 대로 먹는 복

"18절부터 23절에는 어떤 표현이 반복되는 걸로 보이세요?"

"'해 아래에서 한 수고'가 자주 보입니다."

"예, 절마다 약간 표현이 다를 뿐 반복되고 있습니다. 그런데 '수고'만 반복되는 것이 아니라 '그렇게 수고했는데 나는 다 누리지도 못하고 남 좋은 일만 시켰다'도 그만큼 반복됩니다. 솔로몬이 얼마나 열심히 살았는지, 무언가 새로운 걸 찾고 시도하려고 얼마나 애썼는지 알 수 있습니다. 그러니까 이렇게 아쉬워하고 억울해하는 거지요.

24절에서 소박하게 말합니다. 사람이 살면서 일하고 벌어서 먹고 마시는 것이 복이라는 겁니다. 이것도 '하나님의 손에서 나온다'라고 표현했죠.

시편 128편 1절과 2절을 읽어보시겠어요?"

¹ 여호와를 경외하며 그의 길을 걷는 자마다 복이 있도다 ² 네가 네 손이 수고한 대로 먹을 것이라 네가 복되고 형통하리로다 시편 128:1-2

"여기서 무엇을 복이라고 말하고 있습니까?"

"손이 수고한 대로 먹는 것이라고 하네요."

"예, 이것이 성경이 말하는 복된 삶입니다. 노동은 에덴동산에서부터 있었습니다. 에덴동산이라고 놀고먹지 않았습니다. 아담과 하와는 에덴동산을 관리하는 일을 했습니다. 그리고 먹고 마시는 거죠. 수고하고 먹고 마시는 일이 아무것도 아닌 것 같지만, 사실 우리 삶의 요소를 보면 다 일하고 먹고 마시는 겁니다.

그런데 타락 이후 하나님이 '인간이 수고하더라도 가시덤불과 엉겅퀴가 나와 수고한 만큼 얻지 못할 것'이라고 했습니다. 그러니 '수고한 대로 먹는 것'이 참 좋은 복입니다. 먹고 즐기는 일을 원 없이 해본 솔로몬이 소박한 삶이 참된 행복이라고 말합니다. 아무리 많이 먹어도 하루에 열 끼를 먹을 수는 없으니까요.

26절에서 하나님은 기뻐하시는 자에게 '지혜와 지식과 희락'을 주시는데, 이건 어떤 신비한 비밀을 깨닫는 것이 아니라 '소박한 삶을 감사함으로 누리는 것'을 말합니다. 하나님을 모르는 사람은 자기 욕심을 위해 수고하는 거죠. 그러나 그 사람은 자신이 수고한 만큼 다 누리지 못하고 죽으니 헛되다

대화로 푸는

는 겁니다. 솔로몬은 영원한 진리에 대한 갈망이 뜨거운 사람
이었습니다. 오늘은 여기까지 하겠습니다. 소감이나 질문이
있으면 말씀해보세요."

"전도서가 새롭게 보입니다. 제 선입견과는 전혀 다른 책이
네요."

"그럼요, 전도서도 하나님을 향한 길을 말하는 책입니다."

뜻대로 되지 않는 때와 일

(3:1-8)

전도서 3장 1절부터 8절까지 셋이 한 절씩 돌아가며 읽었다. 한글은 표음문자이기 때문에 음가를 아는 사람이면 다 읽을 수 있다. 그러나 사람들이 평소에 글자를 소리 내어 읽지 않기 때문에 소리 내어 읽게 하면 의외로 잘 읽지 못한다. 요즘 한글을 모르는 사람은 거의 없을 것이다. 그러나 정작 소리 내어 읽을 때 물 흐르듯 잘 읽는 사람을 보기 어렵다.

특히 성경은 잘 쓰지 않는 단어와 표현들이 많아 더 그렇다. 나도 설교를 준비할 때 성경 본문을 여러 번 반복해 읽으면서 연구하지만, 설교 직전에 성경 본문을 소리 내어 읽기를 연습한다. 이것은 눈으로 읽는 것과는 다른 읽기이다. 소리 내어 읽어보면 안다.

책을 소리 내어 읽을 때 눈으로 읽을 때보다 뇌가 더 활성화된다는 건 이미 알려진 사실이다. 그래서 나는 기존 신자와의 성경공부 때는 한 절씩 돌아가며 읽기를 선호한다. 하지만 비신자와 성경공부를 할 때는 성경 구절에 익숙하지 않은 그들이 혹시 민망할 수 있을까 염려해서 본문을 읽지 않는다. 직접 확인시켜야 할 본문이 있을 때는 화면으로 보게 하고 내가 읽어준다.

"1절부터 8절까지 어떤 단어가 눈에 자주 띠나요?"

"'때'라는 단어가 많네요."

"맞습니다. 한눈에 봐도 많이 보입니다. 그럼 2절부터 8절까지 '때'란 단어가 몇 번이나 반복되는지 한번 세어보시겠어요?"

반복된 숫자가 많아 의외로 시간이 걸렸다. 늘 그렇듯 부인이 먼저 대답했다.

"28번인 것 같은데… 맞나요?"

나는 가타부타 말하지 않고 남편에게도 물었다.

"남편분은 몇 번인 것 같으세요?"

"저도 28번 같은데요."

"맞습니다. 2절부터 8절까지 7절에 걸쳐 절마다 정반대의 개념을 두 개씩 언급하고 있습니다. 14개의 구절마다 두 번씩 '때'를 언급하니 28번이 맞지요. 3장에 들어서면서 솔로몬이 '때' 곧 '시기'에 대해 말하고 싶은 것을 알게 됩니다. 실은 1절에 '때'와 '기한'이란 단어가 나오기 때문에 1절부터 8절까지 '때'란 의미의 단어가 30번 반복되는 겁니다.

성경에 이렇게 자주 반복하면서 강조하는 예가 거의 없을 겁니다. 읽는 사람으로선 '한 절 한 절이 보배와 같은 하나님 말씀인 성경인데 한 번만 하든지, 강조하기 위해서라도 두세 번만 반복하면 될 내용을 왜 이렇게 길게 반복하는 걸까?'라는 의문이 들 수도 있습니다."

"맞아요."

"그런데 전도서가 지혜서이긴 하지만 크게는 시가서에 속하는 걸 아시죠?"

"예."

"무의식적으로 산문으로 읽지만, 전도서가 운문이란 걸 염두에 둬야 합니다. 그렇다면 이런 것도 '시적 표현'으로 이해하게 됩니다."

"정말 그러네요. 전도서가 시가서라고 알면서도 그렇게 읽으려고 하지 않았네요."

모든 일과 모든 때

"1절의 '범사'와 '천하만사'는 인간이 겪는 모든 일을 가리킵

대화로 푸는

니다. 거기엔 모두 때와 기한이 있지 않습니까? 두 분은 이 '겪는 일들'과 이 일을 '겪는 시간'이 마음에 드세요?"

"아니요."

"만약 일과 시간을 조절할 수 있다면 어떻게 하시겠어요?"

"제 마음에 들도록 배치하겠지요. 어려운 일은 빼고, 만일 어려운 일을 꼭 겪어야 한다면 짧게 지나가도록 하겠지요."

"솔직히 말씀 잘해주셨습니다. 맞습니다. 실은 모든 사람이 그렇게 하고 싶어 하지요. 겪는 일과 그 때를 자기 마음대로 정하고 싶어 합니다. 그러나 그 때를 사람이 정할 수 있나요?"

"아니요."

"모든 걸 마음대로 할 수 있었던 솔로몬도 그건 할 수 없었습니다. 우리와 마찬가지였어요. 1절은 그걸 인정하는 문장입니다. 그걸 마음대로 할 수 있다면 그게 바로 신이지요. 우리는 하나님을 신으로 섬기고 하나님의 뜻에 순종한다고 하지만, 실은 하나님께 내가 당할 일과 시간을 내 뜻과 계획대로 되게 해달라고 구합니다. 그리고 그렇게 되지 않으면 하나님을 원망하거나 그분의 존재를 부인하거나 기독교를 떠나겠다고 협박하기도 합니다. 이게 바로 오늘날도 끊임없이 자신이 하나님 되려고 하는 선악과를 따먹는 겁니다."

"나는 선악과와는 전혀 상관없다고 생각했는데, 듣고 보니 그러네요."

우리의 인생이란,

"2절부터 8절까지 나오는 14개의 정반대의 개념들은 우리 인간이 겪는 일의 양면성을 나타냅니다. 100퍼센트 좋은 일이나 100퍼센트 나쁜 일은 없습니다. 모든 사람에게 환영받는 일도 없고, 모든 사람에게 거부당하는 일도 없습니다. 세상의 모든 일은 양면성을 가집니다. 태어난 것은 죽기 마련이고, 세워진 것은 허물어지기 마련이고, 올라간 것은 내려오기 마련이지요.

젊을 때는 그걸 거스르려고 합니다. 혈기와 노력으로 최선을 다하고 부딪혀 그 흐름이 자기에게는 오지 않게 하려고 합니다. 그러나 그게 가능한 일인가요? 두 분은 어떠세요?"

"우리가 뭘 바꿀 수 있겠습니까?"

"솔로몬처럼 득도하셨네요. 그걸 깨닫는 과정이 인생인 것 같습니다."

"또 생각해보아야 할 한 가지는, 여기 나오는 개념 중에 처음 보거나 모르는 것 있으세요?"

"없는데요."

"그렇죠? 실은 우리가 당하는 인생사에 모르는 개념은 없습니다. 내게도 그런 일이 일어날 수 있다는 걸 알죠. 그러나 당할 때는 마치 처음 알게 된 것처럼 놀라고 당황하지요. 그

대화로 푸는

걸 다시 겪어도 익숙해지지 않습니다.

　쉬운 예를 든다면 뜨거운 국물을 먹으면 '앗, 뜨거워'라고 소리를 냅니다. 아주 뜨거우면 입안을 데기도 하죠. 그런데 다음에 또 뜨거운 국물이 나오면 입안을 델 수도 있다는 걸 알면서도 또 입을 갖다 댑니다. 그리고 또 '앗, 뜨거워'라고 합니다. 뜨거움을 겪었으면서도 전혀 적응되지 않아요. 우리 인생사가 그렇습니다.

　실은 우리가 하루하루 거의 같은 일을 반복하며 사는데, 또 한편으로 오늘은 우리 인생에서 한 번도 겪어보지 않은 순간이니까 완전 새로운 경험이죠. 우리의 인생이 이렇게 복잡합니다."

수고와 한계 속에서 발견한 하나님

(3:9-14)

"9절과 10절을 읽어보시겠어요? 어떤 단어가 보이세요?"

"'수고', '노고' 같은 단어가 보이네요."

"분위기가 어떤가요?"

"수고와 노고가 헛되다는 분위기인데요."

"예, 사람들은 처음에 먹고살기 위한 수고를 합니다. 좀 먹고 살게 되면 세상과 세상 돌아가는 이치를 파악하기 위한 수고를 합니다. 그다음엔 그 파악한 것을 뛰어넘어보려고 수고합니다. 좀 더 잘 먹고 잘 살려고, 좀 더 인간답게 살려고, 또 인간으로서 호기심 때문에 그럴 수도 있을 겁니다.

인간은 거기에서 멈추지 않고 결국 선을 넘습니다. 하나님이 정하신 시간과 공간과 질서를 뛰어넘어보려는 시도인데요.

이것 역시 인간이 하나님 되려는 시도이지요. 불가능한 일이니다 헛되다는 겁니다."

거스를 수 없는 분명한 한계

"11절에는 그 시도가 왜 헛된지 이유를 밝힙니다. 하나님이 만물과 사람과 질서를 만드셨어요. 그리고 사람에게는 영원을 사모하는 마음을 주셨다고 했습니다. 짐승들처럼 주어진 환경에서 사는 것으로 만족하는 존재가 아니라는 거죠. 여기에서 '영원'은 긴 시간을 말하는 게 아니고 '궁극, 본질, 진리, 근본' 같은 걸 가리킵니다. 타락한 인간이 하나님을 잃어버린 자리를 채우기 위해 그걸 궁구(窮究)하는 겁니다.

그러나 하나님이 분명한 한계를 정해놓으셨습니다. 사람은 하나님이 하시는 일의 시종을 알지 못하게 하셨습니다. 로마서 11장 33절에도 하나님의 판단을 헤아리지 못하고 하나님의 방법을 찾지 못할 거라고 했습니다. 사람이 깨달을 수 없다는 거지요. 그 질서를 깨달을 수 없는데 어떻게 벗어날 수 있겠습니까? 그러니 모두 헛수고입니다.

여기서 참고로 잠언 21장 1절을 찾아보겠습니다."

¹ 왕의 마음이 여호와의 손에 있음이 마치 봇물과 같아서 그가 임

"세상에서 모든 것을 마음대로 할 수 있는 사람이 누구일까요?"

"왕이지요."

"예, 왕은 그 나라에서 모든 것을 마음대로 할 수 있습니다. 원래는 하나님이 세우신 질서를 수호하고, 가난하고 약한 자들을 위한 정의를 실현하도록 세워진 자이지만, 정반대로 하나님을 거스르고 백성을 압제하며 폭정을 행할 수도 있습니다. 만약 하나님이 세우신 질서를 아래로 흐르는 물에 비유한다면 지금 왕은 물이 중력과 반대로 움직이며 위로 거슬러 올라가려고 하는 겁니다.

강을 따라 쌓은 제방을 생각해보세요. 그 가운데 흐르는 물은 거세게 흐르고, 가끔 튀어 오르기도 하고, 돌을 만나 소용돌이가 일며 마치 역류하는 것처럼 보이기도 합니다. 하지만 그것도 잠시, 결국 제방이 생긴 모양대로 흘러 내려갈 수밖에 없습니다. 왕이 그렇다면 다른 사람들은 어떻겠습니까?"

"모두 하나님이 정하신 질서대로 가겠네요."

"그럼요. 태어나면 죽고, 먹으면 배설하고, 아침에 일어나면 밤에 자고…. 그렇게 사는 겁니다. 하나님이 없다고 부인하는 무신론자든 다른 신을 섬기는 자든 누구도 이 틀을 벗어날 수 없습니다."

평범한 일상이 은혜의 선물이다

"12절부터 14절에서 반복되는 단어를 찾아보시겠어요?"

"'알았다'인가요?"

"맞습니다. 위의 내용을 고찰한 솔로몬이 깨달은 것을 절별로 한 가지씩 말합니다. 먼저 12절에는 '기뻐하며 선을 행하는 것보다 더 나은 것은 없다'라는 걸 알았다고 합니다. 타락한 인간은 사는 동안 수고를 할 수밖에 없습니다. 그 수고를 하되 헛된 수고를 하지 말고 선을 행하는 게 좋다는 겁니다. 어쩌다 선을 행하려면 남들이 하지 않는 수고를 해야 합니다. 그래서 귀찮게 느껴지기도 하지요. '혹시 상대방이 불쾌해하지는 않을까?'라며 신경 쓰이는 부분도 생기고요. 그런데도 선을 행하는 사람들은 주로 자원하는 마음으로 하지요. 그게 복되다는 겁니다."

"13절에는 '먹고 마시고 수고함으로 낙을 누리는 것이 하나님의 선물'이라는 것을 알았다고 합니다. 우리는 보통 선물이라고 하면 평범하지 않은 것, 특히 하나님의 선물이라고 하면 기적적으로 내게만 베풀어지는 것을 기대합니다. 비신자들은 하나님의 선물을 받지 못한다고 가정하더라도, 이런 기적이 모든 기독교인의 소원대로 베풀어진다면 아마 세상의 질서가 무너지고 혼란스러워질 것입니다. 많은 기독교인의 기도가 응답되지 않는 이유일 것입니다.

많은 것을 누리고, 많은 것을 공부하고, 많은 것을 시도해 본 솔로몬은 먹고 마시고 일하는 이 평범한 일이 바로 인간에게 주신 하나님의 선물인 걸 깨달았습니다. 이 중에 하나라도 잃어보면 이것들이 하나님의 귀한 선물인 것을 깨닫게 됩니다."

"어떤 경우에 먹지도 못하고 마시지도 못하게 될까요?"

"병에 걸리면 그렇겠죠."

"병에 걸려도 그냥 병이 아니라 중환자실에 들어갈 정도가 되어야 할 겁니다. 혼자 섭식을 할 수 없어 호스로 음식물과 물을 넣겠지요. 그제야 '내가 내 손으로 음식을 집어 내 입으로 씹어 먹고 싶다'라는 생각이 간절해질 겁니다.

우리가 코로나로 인해 평범한 일상이 얼마나 소중한지 깨닫게 된 것처럼 말이지요. 솔로몬은 우리의 평범한 일상이 하나님의 은혜로운 선물임을 고백합니다. 엉뚱하고 특별한 선물을 바라지 말고 이미 받은 선물이나 감사하며 누리라는 겁니다. 자신의 솔직한 실패담이라고나 할까요."

"14절에는 먼저 하나님의 속성을 언급합니다. 솔로몬이 세상사를 공부하고 깨달은 게 있습니다. 사람이 아무리 공부해도 깨달을 수 없고, 아무리 대단한 시도를 하려고 해도 무너지고 잊힌다는 사실입니다. 공교롭게도 그때 반대되는 하나님의 속성도 함께 깨닫게 되었습니다. '하나님이 행하시는 모든 것은 영원히 있을 것'이라는 '영원성'과 '그것에 더할 수도 없고 덜할 수도 없다'라는 '완전성'을 말합니다. 이제까지 앞에서 했던 이야기의 작은 결론과도 같은 겁니다.

그러니 사람은 이런 완전하고 영원하신 하나님을 알게 된다면 그분을 경외할 수밖에 없다는 거지요. 노년의 솔로몬은 크신 하나님을 느끼고 그분 앞에 한없이 작은 인간, 곧 자기 자신을 발견했습니다."

대화 10
반복되는 삶에서 얻는 지혜
(3:15-22)

"솔로몬은 전도서를 쓰면서 가끔 결론 같은 멘트를 반복합니다. 그중 하나가 1장 9절에 처음 나왔던 '해 아래에 새것이 없나니'입니다. 여기까지 오는 중에도 중간중간 보셨지요?"

"예."

"15절에도 표현은 다르지만 반복됩니다. '이제 있는 것이 옛적에 있었고 장래에 있을 것도 옛적에 있었나니 하나님은 이미 지난 것을 다시 찾으시느니라.' 사람은 새것을 시도한다고 하지만 이미 옛적에 시도되었던 거라는 겁니다. 하나님이 만드신 세상과 질서 속에 존재하는 인간이 그 틀을 넘는 새로운 걸 만들어낼 수 없다는 거지요.

그런데 여기에 좀 이상한 면이 있습니다. 바로 사람들이 사

대화로 푸는

는 모습입니다. 사람들은 매일 거의 반복되는 삶을 삽니다. 그러면 오늘도 그 삶이 반복될 것을 알고 사는 겁니다. 그렇지 않나요? 오늘 아침에 일어나서 지금까지 다른 날과 다르게 한 뭔가가 있나요?"

"거의 똑같은 일의 반복이지요."

"저도 그렇거든요. 그런데 그렇게 반복되는 삶을 사는 사람들 대부분이 과거는 후회하고 미래는 불안하게 여깁니다. 반복되는 삶이니 실수를 줄일 수 있을 것 같은데, 실수를 반복합니다. 전에 했던 실수니까 하지 않을 수도 있었는데, 그런 실수를 반복하니 참 후회스럽죠. 그리고 미래에도 반복된 삶을 사는데 비슷한 실수를 하지 않는다는 보장이 없으니 불안합니다. 자신이 어떻게 해야 할지 알면서도 그렇게 살지 못해요. 한마디로 자신이 어떤 일을 할지 믿지 못하는 겁니다. 인간이 이렇게 연약합니다."

완전하고 영원하신 하나님의 심판

"솔로몬은 그런 연약한 인간의 모습을 16절 이하에 신랄하게 드러냅니다. 16절에서 솔로몬은 '재판하고 정의를 행하는 곳에도 악이 있다'라고 말합니다. 재판은 공정하게 진행되어야 하고 정의가 세워져야 하지요. 그런데 솔로몬이 그렇지 못한 실상을 고발합니다. 두 분은 어떻게 생각하세요? 세상의 재판에 100퍼센트 공정이 있을까요?"

"아닐 것 같은데요."

"그래서 사람들이 '정말 가면 안 되는 곳이 법원'이라고 하는 것 아니겠습니까? 재판을 받는 사람도 사람이 심판하는 곳에 완벽한 공의는 없다는 걸 대충은 예상할 것입니다. 하지만 악이 있어 너무 굽게 판단하면 심하게 억울한 일이 생기는 거지요. 이건 인간의 불완전성과 상대성을 지적하는 겁니다. 바로 위 3장 14절에서 언급된 하나님의 완전성과 영원성에 대비됩니다."

"17절과 18절은 대구를 이루고 있습니다. 제가 색깔로 표시할 테니 잘 봐주시기를 바랍니다. 일단 17절과 18절이 '내가 내 마음속으로 이르기를'이라고 같은 표현으로 시작합니다. 17절은 '하나님이 심판하신다'라고 하고, 18절은 '하나님이 시험하신다'라고 합니다. 그 대상에 대해 17절은 '의인과 악인'이라 하고, 18절은 '인생들의 일에 대하여'라고 했습니다. 거의 비슷하게 대구를 이루고 있는데, 마지막은 각각 다릅니다.

17절은 '모든 소망하는 일과 모든 행사에 때가 있다'라고 해서 하나님이 심판하시는 종말의 시간이 있음을 말합니다. 이에 대해 18절은 그 심판을 통해 드러나는 내용을 말합니다. '인생이 짐승과 다를 바가 없다'라는 거지요. 하나님 앞에, 완전하고 영원한 그분의 심판 앞에 인간이 얼마나 작은 존재인지 깨닫게 된다는 겁니다.

　19절부터 21절까지는 인생이 짐승과 다를 바 없다는 걸 인간이나 짐승이 똑같이 당하는 일들을 들어 증명하고 있습니다. 19절에는 사람이나 짐승이나 둘 다 호흡을 하다가 똑같이 호흡의 종지(終止)로 죽는 걸 말합니다. 20절에는 사람이나 짐승이 다 흙으로 지음 받아 흙으로 돌아간다는 걸 말합니다. 21절에는 사람들의 혼은 위로 올라가고 짐승의 혼은 아래로 내려간다고 하는데, 그걸 누가 확실하게 알아서 증언할 수 있겠냐는 수사의문문입니다."

　"저는 평소에 21절의 의미가 궁금했는데, 이 구절이 수사의문문이었군요. 그 의미를 확실히 알게 되었네요."

인간의 몫

　"22절은 솔로몬이 '해 아래에 새것이 없다'라는 것만큼이나 중간중간 반복하는 내용입니다. '사람이 자기 일에 즐거워하는 것보다 더 나은 것이 없다'라는 거지요."

　"앞에서 나왔던 내용이네요."

　"예, 그것이 '인간의 몫'이라고 하는데, 신약의 표현을 빌리면 로마서 12장 3절에 나온 '각자의 분량대로 분수에 맞게' 행하라는 거지요. 그게 인간의 본분이라는 겁니다."

"22절 마지막 '그의 뒤에 일어날 일이 무엇인지를 보게 하려고 그를 도로 데리고 올 자가 누구이랴'라는 말은 어떤 사람이 죽었는데 그 사람의 사후에 일어나는 일을 그에게 보여주려고 그를 다시 세상으로 데려올 수 있는 사람이 없다는 말입니다.

사람이 아무리 수고를 하고 재능이 탁월하다 하더라도 하나님이 정하신 큰 틀인 시간과 공간을 거스를 수 없다는 겁니다. 사람은 하나님이 정하신 큰 틀 안에서, 일상을 반복하며 살도록 하신 작은 틀 속에서 사는 작은 존재임을 사람들에게 전하고 있습니다. 혹시 3장의 내용 중에 질문 있으세요?"

"솔로몬은 전도서에서 헛됨을 말하는 게 아니라 하나님의 위대하심을 말하고 있는 거네요."

"맞습니다. 또한 그 크신 하나님이 사람에게 유일한 구원임을 말합니다."

"그동안 전도서를 읽으면서도 미심쩍었는데 이렇게 한 절 한 절 들으니 이해가 되고 풀리는 것 같습니다."

대화로 푸는

위로자를 기다리는
전도서
(4:1)

    전도서를 같이 공부하는 부부는 낮은울타리에서 걸어서 15분 정도 거리에 살고 있다. 가까운 거리니까 운동 겸 걸어서 온다고 했다. 최소 20분은 일찍 오시는 것 같다. 한번은 내가 집에서 식사하고 약속 시간 30분 전에 낮은울타리에 도착했는데, 이미 아파트 앞에 와 계시기도 했다(부담없이 모여 이야기를 나눌 수 있는 공간이 필요해 아파트를 얻었다).

    오늘은 약속 시간이 되었는데도 초인종이 울리지 않았다. 혹시 내가 요일을 헷갈렸나 생각하고 전화했더니 엘리베이터로 올라오는 중이라고 했다. 남편분이 통화를 한 시간이나 하느라 늦어져 승용차를 타고 왔다는 것이다. 부인은 길게 통화한 남편을 약간 원망하는 듯한 표정을 보였다. 남편분은 그저 허허하고 웃기만 했다.

"그래도 늦지 않으셨어요. 딱 시간에 맞춰 오셨습니다. 그러면 됐죠."

"잠언과 전도서는 둘 다 지혜서라고 불립니다. 그런데 제가 어릴 때도 그렇고, 제가 어른이 되어 아이를 기를 때도 그렇고, 기독교인 부모님들이 아이들에게 잠언은 읽히면서 전도서는 권하는 것 같지 않더라고요. 두 분은 그렇지 않으셨어요?"

"맞아요, 저희도 아이들 키우면서 전도서를 읽으라고 한 적은 없는 것 같아요."

"왜 그럴까요? 전도서도 지혜서인데?"

"전도서가 모든 것이 헛되다고 해서 그런 것 같아요."

"그런 이유가 큰 것 같습니다. 잠언은 적극적이고 구체적으로 지혜로운 삶을 가르쳐줍니다. 부모의 훈계를 들어라, 음녀를 멀리하라, 부지런한 사람은 부유하게 된다 등등. 반면 전도서는 처음부터 헛되다고 하니 혹시라도 아이들이 허무주의나 염세주의에 빠질까봐 부모는 염려하게 되죠.

이건 그동안 한국 기독교가 적극적 사고방식이나 번영주의적 신앙 색깔을 견지했기 때문인 영향도 있을 겁니다. 적극적으로 사고하고 열심히 고지(高地)를 향해 뛰어야 하는데, 가만히 앉아 인생을 찬찬히 반추(反芻)하고 있으면 뒤처지는 거니까요."

"맞아요. 다들 열심히 일하고 노력하고 성공하는 것이 축복이라고 했으니까요."

"그런데 이렇게 전도서를 직접 읽으며 한 절씩 공부해보니 어떠세요?"

"제가 전도서를 잘못 생각하고 있었다는 걸 알게 되었어요. 정말 깊은 진리를 담고 있는 책 같아요. 요즘 공부 시간이 기다려져요."

"그렇게 말씀해주셔서 감사합니다."

참된 위로자, 구원자 예수 그리스도

"오늘은 4장입니다. 먼저 1절부터 9절까지 한 절씩 돌아가며 읽겠습니다."

햇살이 들어오는 방에서 여럿이 테이블에 둘러앉아 성경을 한 절씩 돌아가며 소리 내어 읽는 것만으로도 감동이다. 할일이 많고 생각도 많지만, 운동을 하고 걷고 뛰어야 건강하게 살 수 있는 것처럼, 잠시 내가 주도하는 삶을 중단하고 겸허히, 그리고 잔잔하게 하나님의 말씀을 읽고 듣는 시간이 필요하고 중요하다. 개인적으로는 잠시 속세를 떠난 것과 같은 느낌을 받는 시간이다.

"1절을 다시 보십시오. 어떤 단어가 반복되는 것이 보이세요?"

"학대요"

"또요?"

"위로자가 없도다."

"예, '학대'라는 단어는 세 번, '위로자가 없다'라는 표현은 두 번 반복됩니다. '학대'는 누가 누구에게 하는 건가요?"

"힘센 사람이 약한 사람에게 하는 거죠."

"힘센 사람은 어떻게 하다가 힘을 가지게 되었을까요?"

"높은 자리에 올라가고, 재물을 많이 갖게 되어서 아닐까요?"

"권세는 하나님이 허락하시는 것이라고 했습니다. 하나님은 왜 특정한 사람에게 권세를 허락하시는 걸까요?"

"글쎄요?"

"계급은 인간의 타락 이후 생겼습니다. 처음엔 그냥 육체의 힘이 센 사람이 다른 사람의 것을 빼앗고, 더 나은 무기를 가진 사람, 더 많은 부하를 가진 사람이 더 높은 자리, 더 많은 재물을 차지하게 되었고, 다른 사람은 그 사람의 법을 따를 수밖에 없게 되었습니다.

그러나 하나님은 적어도 이스라엘에서는 그런 학대가 일어나지 않기를 바라셨습니다. 그래서 백성이 억울하지 않도록 율법에도 여러 가지 내용을 주셨지요. 중간 관리들이 그것을 공정하게 행하도록 권력의 정점에서 점검하고 챙길 사람이 바로 왕입니다. 그러나 아무리 왕이 선정(善政)을 베풀려 해도 중간 관리가 나쁜 마음을 먹으면 학대가 사라지지 않습니다.

전에 했던 질문인데 또 묻겠습니다. 《홍길동전》의 배경이 되는 시대가 언제라고요?"

"세종대왕 때요."

"이제 이건 확실히 기억하시겠습니다."

"예, 그럴 것 같아요."

"세종대왕은 우리가 알기로 선정을 베풀기 위해 몸을 아끼지 않은 왕이지만 지방 관리들의 모습은 그렇지 않았을 것입니다. 서자에 대한 차별이나, 민초의 삶은 여전히 피폐했다는 거죠. 아마 솔로몬 시대에도 별로 다르지 않았을 것입니다. 솔로몬은 선정을 베풀려고 했지만 왕의 뜻이 백성에게까지 잘 전달되지 않는 걸 발견한 겁니다. 자신이 왕으로서 백성의 좋은 위로자가 되고 싶었지만 그러지 못한 것을 고백합니다."

"이 '위로자가 없도다'라는 말에서 아주 작고 연약한 한 사람 한 사람에게까지 진정한 위로자가 되어주실 구원자에 대한 기다림과 열망을 표현하고 있습니다."

"이게 그런 의미군요."

"전도서도 지혜를 말하는 책이고, 참 지혜는 구원자 예수 그리스도이시니까요."

비워야
채워지는 것들
(4:2-16)

　"솔로몬이 1절에서 해 아래에서 행해지는 권세자의 학대와 연약한 자들의 눈물과 구원자가 없음을 토로했습니다. 자신이 모든 권력의 정점에 있는데도 해 아래에서 행해지는 학대를 없앨 수 없고, 구원자가 될 수 없는 한계를 솔직히 말한 겁니다. 어떤 면에서는 용기 있는 고백이지요."

　세상이 어떻게 돌아가는가?

　"여기에서 솔로몬은 그래도 할 수 있는 한 학대를 없애겠다고 다짐하지 않습니다. 이어지는 2절과 3절에서 반복되는 표현을 찾아보시겠어요?"

"'더 복되다'요."

"예, 이 세상에는 학대가 끊임없이 행해지니, 2절에서는 그 참상을 다시 보거나 겪을 이유가 없는 이미 죽은 사람들이 더 복되다고 하고, 3절에서는 아직 태어나지 않아 그 학대를 본 적이 없는 사람들이 더 복되다고 한 겁니다. 이 표현에서 공의를 행하고 싶은 왕으로서 솔로몬이 겪은 절망을 엿볼 수 있습니다. 4절에 사람들이 수고를 많이 하고 재주를 동원한다고 했습니다. 그건 지금도 마찬가지지요. 사람들이 왜 그럴까요?"

"높은 자리에 올라가고, 돈을 많이 가지려고요."

"그렇죠. 가난하고 약하면 학대받으니까 그러지 않기 위해 애쓰는 겁니다. 세상이 어떻게 돌아가는지 일찍 파악한 똑똑한 사람들이지요. 그래서 개천에서 용 나듯 소수가 학대받지 않는 자리에 이르는 성공담이 가끔 들리기도 합니다. 그러면 학대받는 서러움을 아는 이들이 약자가 학대받지 않는 세상을 만들기 위해 애쓸까요?"

"그렇지 않은 것 같은데요."

"우리가 느끼기에 그렇습니다. 개구리 올챙이 적 생각 못한다는 속담대로입니다. 오히려 자기에게 약한 시절이 없었던 것처럼 과거를 지우려고 하지요. 그러면 권력과 재물을 누리는 자리에 올라 그 자리를 공고히 지키려는 사람은 올라간 사람대로, 여전히 약한 자의 자리에서 자기도 한번 성공담을 써보려 수고하며 시기하는 사람은 또 그 사람대로 서로 공동체성을 해치게 됩니다.

5절에는 어리석은 사람은 아무 수고도 하지 않으면서 자기 몸만 축낸다고 합니다. '꼬시래기 제 살 뜯기'라는 말처럼 더 큰 손실을 자초하는 한심한 일을 한다는 겁니다. 힘없고 약한 사람들은 부당함과 불의한 학대에 대해 뭉쳐서 저항이라도 해야 하는데, 아무 저항도 하지 않는 건 학대를 자초하는 어리석은 일이라는 겁니다.

예를 들어 1987년 6월 민주항쟁이 일어나 시민은 물론이고 학생들도 길거리로 나서지 않았습니까? 개개인은 약하지만 하나로 뭉치는 현명한 선택을 한 것입니다. 그래서 우리가 지금의 민주주의를 누리고 있는 거지요."

비움과 채움

"6절에는 어떤 표현이 대조되고 있습니다. 한번 찾아보세요."

"'두 손과 한 손'이요?"

"맞습니다. 사람들은 두 손에 가득 채우기 위해 수고합니다. 좀 더 풍성하고 완벽한 삶을 추구하지요. 그런데 솔로몬은 한 손만 채우고 다른 한 손은 비울 것을 말합니다. 그게 더 낫다는 겁니다. 한 손을 가득 채우려면 어느 정도 수고는 해야 합니다. 그러나 두 손을 가득 채우는 수고보다는 덜하겠지요. 거기까지만 하자는 겁니다. 그러면 뭔가 부족한 삶이 될 겁니다. 어떤 부분에는 결핍이 있는 소박한 삶이 되지요. 그러면서 전도자는 무엇이 더 낫다고 합니까?"

"평온함이요."

"한 손을 비워 거기에 평온함을 채우라는 겁니다. 평온함은 어디에서 올까요? 우리는 더 높이 오르고 더 많이 가져야 평온할 것으로 생각합니다만 그게 아니라는 거예요. 다른 한 손에 채워져야 하는 평온함은 어디에서 오는지 7절 이하에서 말합니다.

8절에 '어떤 사람은 아들도 없고 형제도 없이 홀로' 있다고 했는데, 부양가족이 없다는 의미죠. 그런데 혼자 먹고 살 만큼만 수고하지 않고 끊임없이 수고합니다. 왜 그럴까요?"

"돈을 더 벌려고 그러겠죠?'

"자기가 다 쓰지도 못할 텐데 왜 그러는 걸까요?"

"글쎄요?"

대부분 사람은 적당히 가진 다음에도 더 수고하면서 더 많이 가지려는 사람들의 마음을 잘 모른다. 나도 마찬가지다. 그렇게 살지 않기 때문인 것 같다.

"솔로몬은 자기가 가진 부요에 만족하지 않기 때문이라고 합니다. 사람들은 더 가지고 더 누리면 행복할 걸로 생각하지만 큰 착각입니다. 결핍만 생각하지 그 결핍의 대상이 무엇인지 더 진지하게 고민하지 않는 겁니다. 계속해서 그릇된 가치관, 자기 욕심, 잘못된 목표를 향해 나아가는 건, 마치 갈증을 느낀다고 바닷물을 마시는 것과 같이 만족이 없습니다. 솔로몬은 그것이 무익한 수고이며, 불행한 일이라고 말합니다."

나의 평안을 너희에게 주노라

"9절부터 12절까지 반복하는 표현을 찾아보시겠어요?"

"여기에는 '두 사람'이 자주 나오네요."

"예, 절마다 한 사람보다 두 사람이 낫다는 내용이 반복됩니다. 그런데 주목해야 할 것이 있습니다. 두 사람이 뭉치면 많은 사람이 원하는 더 많은 권력과 재물을 얻을 수 있다는 게 아닙니다. 무엇을 얻을 수 있는지 다시 한번 보십시오."

"따뜻함, 그런 거네요."

"9절엔 '좋음', 10절엔 '붙들어 일으킴', 11절엔 '따뜻함', 12절엔 '함께 맞섬'입니다. 이것은 지금까지 사람들이 쟁취해서 얻으려는 개념들이 아니지요. 가만히 생각해보십시오. 정작 사람을 사람답게 만들고, 삶에 행복과 만족을 얻으려면 필요한 것들은 바로 이런 것들입니다.

혼자만의 수고로는 얻을 수 없고 공동체를 통해서 얻을 수 있는 것들입니다. 솔로몬은 인간의 행복에 공동체가 필요함을 강조합니다."

"13절과 14절은 실제 이야기가 아니라 솔로몬이 예를 들기 위해 짧은 소설을 하나 썼다고 생각하면 좋겠습니다. 가난하게 태어난 젊은이가 어쩌다가 감옥까지 갔는데 거기서 나와 왕까지 되었다는 겁니다. 모든 사람이 자기 인생에도 이런 일이 생겼으면 하고 기대하는 인생 역전 드라마 아니겠습니까?"

"그렇죠."

"그런데 바로 15절과 16절에 그렇게 왕이 된 젊은이를 사람들이 좋아했지만, 그 후대의 사람들은 좋아하지 않았다는 겁니다. 인생이 재역전된 거지요. 다시 몰락한 겁니다. 한 시대를 풍미하고 인생 역전 드라마를 쓴들 그다음 시대까지 이어지지도 못하니 헛될 뿐이지요. 극적인 인생을 살지만, 그 인생에 평온함이 없습니다.

이에 대해 예수님이 요한복음 14장 27절과 28절에 하신 말씀이 있습니다. 한번 읽어주시겠어요?"

^{27} 평안을 너희에게 끼치노니 곧 나의 평안을 너희에게 주노라 내가

너희에게 주는 것은 세상이 주는 것과 같지 아니하니라 너희는 마음에 근심하지도 말고 두려워하지도 말라 [28] 내가 갔다가 너희에게로 온다 하는 말을 너희가 들었나니 나를 사랑하였더라면 내가 아버지께로 감을 기뻐하였으리라 아버지는 나보다 크심이라 요한복음 14:27-28

"예수님은 평안을 주시는데, 세상이 주는 것과 같지 않은 평안을 주신다고 했습니다. 세상은 아무것에도 매이지 않는 완전한 개인적인 자유와 많은 재물과 막강한 권력을 얻으면 평안할 거라고 속이지만, 사실 그렇지 않다는 걸 솔로몬이 증명했습니다.

하나님이 지으신 인간은 공동체와 소박함과 적당한 매임이 있어야 참 행복과 평안을 누릴 수 있습니다."

예수님의 멍에

"예수님이 우리의 짐을 벗겨주시고 대신 멍에를 메게 하신다고 말씀하신 걸 기억하세요? 마태복음 11장 28부터 30절입니다."

[28] 수고하고 무거운 짐 진 자들아 다 내게로 오라 내가 너희를 쉬

대화로 푸는

게 하리라 ²⁹ 나는 마음이 온유하고 겸손하니 나의 멍에를 메고 내게 배우라 그리하면 너희 마음이 쉼을 얻으리니 ³⁰ 이는 내 멍에는 쉽고 내 짐은 가벼움이라 하시니라 마태복음 11:28-30

"예, 저는 이 말씀이 늘 마음에 걸리고 의문이 들었습니다. 예수님이 풀어주신 걸로 끝나면 좋은데, 왜 다른 멍에를 메게 하셔서 여전히 인생을 힘들게 하실까 하는 겁니다."

"그렇게 보이는 말씀입니다. 그런데 멍에를 잘 알면 생각이 달라질 수 있습니다. 멍에는 또 다른 무거운 짐이 아닙니다. 멍에는 소 두 마리가 짝이 되어 쟁기질을 할 수 있도록 소의 목덜미에 얹는 구부러진 막대입니다. 예수님이 '멍에'를 향해 뭐라고 하셨나요?"

"'나의 멍에'라고 하셨네요."

"예수님이 우리에게 또 다른 짐을 지우신 게 아니라 예수님의 옆자리로 우리를 초대하신 겁니다. 우리는 우리 마음대로 가면 망할 수밖에 없는 어리석은 존재입니다. 그래서 예수님이 늘 함께해주시겠다는 겁니다. 멍에는 둘의 합이 참 중요한데요, 예수님이 우리에게 맞추시는 게 아니라 우리가 예수님께 맞춰야 합니다. 그래서 예수님이 '내게 배우라'고 하셨지요. 이건 복이지 저주가 아닙니다."

"제가 오해하고 있었네요. 전혀 그런 뜻이 아닌 거네요."

"예, 예수님이 우리에게 주신 대표적인 멍에가 무엇이냐면 바로 '교회'입니다. 교회가 늘 편하고 좋지만은 않아요. 내가 교회에 맞춰야 하니까요. 하지만 그 교회 덕분에 '좋음', '따뜻함', '일으켜 세워짐', '함께 맞섬'을 경험하게 됩니다.

우리가 원하는 평안함이 아니라 우리의 영혼이 안전한 평안함을 누리게 되지요. 땅에서는 교회가 불완전하니까 우리가 경험하는 평안도 불완전하고 아쉬움이 있습니다. 하지만 언젠가 예수님이 다시 오실 때 완전하고 아쉬움이 없는 평안함을 주실 것입니다."

"이제 멍에와 교회에 대한 오해가 풀리는 것 같습니다."

대화로 푸는

하나님 앞에 선 사람의 태도 그리고 서원

(5:1-7)

"성경 중에서 잠언과 전도서를 '지혜서'라고 합니다. 그런데 '지혜서'의 상위 개념으로 분류하는 방법이 있는데 뭔지 기억하세요?"

"시가서요."

"맞습니다. 이게 잠언과 전도서를 보는 시각에서 아주 중요합니다. 잠언과 전도서는 시편처럼 시입니다. 우리가 보는 성경에는 전도서가 산문처럼 편집이 되어 있지만, 전도서가 시가서란 걸 기억할 필요가 있습니다. 아주 축약된 시는 아니지만 시적 요소가 있다는 걸 염두에 두면 이해하는 데 도움이 될 겁니다."

"그러네요, 전도서를 읽으면서 한 번도 시라는 생각을 해보지 않았어요. 시라고 생각하며 읽으면 조금 느낌이 다를 것 같기도 하네요."

겸허히 말씀을 듣고 순종하라

"오늘은 5장을 할 텐데요, 1절부터 7절까지에서 반복되는 표현을 찾아보시겠어요?"

"'우매한 자'인가요?"

"7절까지 '우매한 자'가 세 번 나옵니다. 그런데 더 자주 나오는 단어가 있습니다."

"'서원'도 많이 나오는데요."

"서원도 다섯 번이나 나오니까 많이 반복되죠. 그보다 더 많이 반복한 단어가 있습니다. 너무 쉬워서 못 찾으시는 것일 수도 있어요."

"아, 하나님!"

"맞습니다. '하나님'이 몇 번 나오는지 세어보시겠어요?"

"일곱 번이요."

"맞습니다. 일곱 절에 일곱 번 나오니까 절마다 나오는 셈이지요. 그런데 6절에 나오는 사자도 '하나님의 사자'로서 결국 '하나님'을 가리킵니다. 그러니까 여덟 번 나오는 셈입니다. 4장까지 오면서 솔로몬이 이렇게 '하나님'을 자주 반복한

대화로 푸는

적이 없습니다.

시는 산문보다 단어 자체로 표현하는 무게가 더 있는 법입니다. 그러니까 솔로몬은 이 단락에서 하나님을 엄청나게 강조하고 있는 겁니다. 만약 1장부터 5장까지 이런 걸 염두에 두고 읽었다면 분위기가 확 바뀐 것을 감지할 수 있을 겁니다."

"1절부터 7절까지 '우매한 자'가 하는 짓들이 나옵니다. 그 첫째는 1절에 나오는데요, 그들이 악을 행하면서도 제물을 드린다고 합니다. 이들은 하나님을 가까이하는 것 같지만 실제로는 하나님의 말씀을 들으려 하지는 않으면서 제물로만 하나님을 달래서 자기의 소원을 이루려고 하는데, 이것이 어리석은 짓이라는 겁니다.

우리말로는 '듣다'라는 단어로 번역되었지만, 히브리어 '쇼마'라는 단어는 '듣다'와 '순종하다'라는 의미가 같이 있습니다. '듣고 행한다'라는 의미입니다. 한국 기독교는 어떨까요? 잘 듣고 잘 행하고 있을까요?"

"듣기만 하고 행하지는 않는 것 같습니다."

"제대로 전하지도 않고 제대로 듣지도 않으니 제대로 행할 수 없는 악순환이 반복되는 것 같습니다. 하나님의 뜻을 겸허히 듣고 행하는 모습은 없으면서 제물을 바친다는 건 종교적인 의무를 다하고 있다는 '자기 의(義)'이기도 합니다. 이건 아무리 예배당에서 예배 행위를 하더라도 기독교가 아닙니다.

우매한 자의 둘째 행위는 하나님 앞에서 말을 많이 하는 것입니다. 3절 앞부분에 '걱정이 많으면 꿈이 생기고'라고 했는데, 여기에서 '꿈'은 좋은 의미가 아니라 '헛된 생각'이란 뜻입니다. 헛된 생각을 하고 있으니 말이 많아지고, 자기가 감히 하나님 앞에서 뭘 하겠다고 하게 됩니다.

2절과 3절에서 '함부로 입을 열지 말라', '급한 마음으로 말을 내지 말라', '마땅히 말을 적게 할 것이라', '말이 많으면 우매한 자의 소리가 나타난다'라고 반복해서 말합니다. 기독교는 자기 말을 하는 게 아니라 하나님의 말씀을 듣는 게 우선입니다."

레갑 가문의 서원

"우매한 자의 셋째 행위는 섣부른 서원에 대한 것입니다. 사람들이 왜 서원할까요?"

"자기의 소원을 이루고 싶어서요."

"서원에 대해서 어떻게 배웠습니까?"

"서원은 반드시 지켜야 하니까 차라리 하지 않는 게 낫다고 배웠습니다."

"5절이 바로 그 근거 구절로 사용되는데요, 솔로몬은 정말

대화로 푸는

사람들이 서원하지 않기를 원해서 이렇게 썼을까요? 그의 진정한 의도는 무엇이었을까요?"

"글쎄요?"

"사람들이 서원을 언제 할까요?"

"자기의 소원을 강하게 이루고 싶을 때 하는 것 같습니다."

"주로 그렇죠. 야곱이 혈혈단신으로 먼 길을 갈 때 살아서 고향 땅으로 돌아오게 해주시면 십일조를 드리겠다고 서원한 예가 그런 거죠. '하나님이 이렇게 해주시면 저도 저렇게 하겠습니다'라는 식입니다.

그러나 성경에는 서원의 아주 다른 예도 나옵니다. 혹시 '레갑'이라고 들어보셨어요?"

"아니요."

"예레미야 35장에 보면 레갑과 그의 자손에 관한 이야기가 나옵니다. 레갑은 순수 이스라엘 혈통이 아닙니다. 그런데 이스라엘 민족에 흡수되었지요. 그것이 너무 감사해서 하나님에 대한 신뢰를 표현하기 위해 레갑은 후손에게 주택에 살지 않고 포도주를 입에 대지 않겠다는 서원을 하도록 했고, 후손은 불편한 삶을 살면서 이를 지켰습니다. 하나님께 다른 걸 요구한 것이 아닙니다. 이처럼 감사와 신뢰의 표현으로 서원을 할 수도 있습니다."

"이런 서원이 있는 줄 전혀 몰랐습니다."

"보통 자기 소원을 이루려는 데만 서원을 사용해서 그렇죠.

그런 서원은 하나님이 모든 걸 주관하신다는 고백도 있지만, 한편으론 마치 하나님과 거래하려는 듯한 속셈도 보여서 신앙적으로 좋아 보이지 않습니다. 그런 서원은 하지 않는 게 낫지요."

"이 단락에서 솔로몬은 1절 '하나님을 가까이하여 말씀을 들어라'에 이어, 2절 '하나님은 하늘에 계시고 너는 땅에 있다'라고 합니다. 하나님은 인간과는 존재 자체가 다른 분이라는 거지요. 그런 하나님에 대해 인간이 취해야 할 태도를 7절에서 말합니다. '너는 하나님을 경외할지니라.' 인간이 하나님 앞에 보일 태도는 이런저런 말을 떠벌리는 것이 아니라 머리를 조아리며 경외하는 것입니다. 여기까지 내용에서 혹시 질문 있으세요?"

"그러면 서원을 지키지 않아도 되는 건가요?"

"자기 욕심으로 서원하지 않는 것이 가장 좋고, 서원을 했다면 지키는 것이 좋지요. 그러나 인간이 어리석고 연약한 것을 아시는 하나님께서 서원을 어겼다고 구원에서 탈락시키시지는 않는다고 생각합니다.

또 하나 예전엔 '아들을 주시면 주님의 종으로 바치겠습니다' 식의 서원이 많았는데, 아쉬운 부분이 많습니다. 그 아들은 어렸을 때부터 목사가 되는 걸 운명처럼 받아들여야 하고, 목사가 되지 않으면 인생이 망하고 천국에 가지 못할 것처럼 여기기 쉽기 때문이지요. 그 아들의 인격은 도대체 뭐가 되는 겁니까? 하나님이 목사만 기뻐하시는 게 아닌데요.

게다가 그 아들이 전교 1등을 하는 수재라면 부모도 자식을 아깝게 여겨 신학교에 보내지 않는 일도 생깁니다. 그냥 겸손히 하나님의 말씀을 듣고 순종하려고 애쓰는 삶을 사는 게 나은 것 같습니다."

먹고 사는 것에 담긴 의미와 돈의 위험성

(5:8-12)

"8절은 이 땅에서는 언제 어디서든 약자에 대한 학대가 일어나고, 정의와 공의가 무너지는 일이 일어난다고 말합니다. 이런 일이 일어날 때 사람들은 '도대체 하나님은 어디 있는 거냐?'라고 반문합니다. 권세는 원래 하나님으로부터 위임된 것인데(롬 13:1), 그 권세는 하나님이 세우신 질서를 수호하고 사랑과 공의를 실천하라고 주신 것입니다.

그러나 위임받은 관리가 실수하는 예도 있고, 처음부터 압제할 마음으로 권세를 휘두르는 일도 있지요. 그래서 더 높은 사람이 그 사람을 감찰하도록 합니다. 그 정점에 왕이 있습니다. 왕은 임명한 관리가 그 지역에서 선정을 베풀어 왕의 백성들이 평화롭게 잘살게 하길 바랄 것입니다. 8절 후반부는 그래서 국가가 피라미드식 조직을 가진 것이라 말합니다.

이어지는 9절은 갑자기 '땅의 소산물'을 말해서 뜬금없는 이야기를 하는 것 같은데요. 모든 사람이 먹고살아야 하는 땅의 소산물은 누가 내게 하는 건가요?"

"하나님이요."

"그렇죠. 9절 후반부에 '왕도 밭의 소산을 받는다'라고 했습니다. 왕도 땅의 소산물을 먹어야 살 수 있으니까요. 왕은 땅의 소산을 거두어 자기가 임명한 관리에게 차례로 나눠줍니다. 그래야 왕명(王命)이 서지요. 이 말은 곧 하나님이 내게 하신 땅의 소산을 먹는 왕은 하나님의 녹(祿)을 먹는 것이요, 하나님의 감찰을 받는다는 걸 의미합니다. 이 땅에 학대나 압제가 없을 수는 없지만, 그 학대나 압제에 대한 책임을 묻는 심판의 날이 반드시 온다는 것을 솔로몬이 말하고 있습니다."

"땅의 소산물이 그런 의미군요."

"10절에 '은을 사랑하는 자'를 말하는데, 은보다 금이 귀한데 왜 금이라고 하지 않았을까요?"

"글쎄요?"

"당시 통용 화폐가 은화였습니다. 그래서 '은을 사랑한다'라는 것은 곧?"

"돈을 사랑한다는 의미군요."

"예, 맞습니다. 돈을 사랑하는 자, 풍요를 사랑하는 자는 만족하지 못한다고 합니다. 적게 가진 사람보다 많이 가진 사람들이 돈에 대한 욕심이 더 많다고 하는데 그런 것 같으세요?"

"잘 모르겠는데요."

"많이 가져봤어야 많이 가진 사람의 욕심이 더하다는 걸 알 텐데요."

"11절에 재산이 많아지면 먹는 자들도 많아진다고 했는데, 이 '먹는 자'들은 12절 앞에 나오는 '노동자들'로 소유주의 많은 재산을 위해 일하고 관리하는 사람들입니다. 이 사람들이 먹는 건 살기 위해 먹는 거니까 필수불가결한 소비입니다.

그러나 소유주는 어떨까요? 소유주들은 눈으로 보는 것을 찾는다고 합니다. 이게 무슨 말일까요?"

"비싼 걸 사겠지요."

"예, 필요 소비가 아니라 사치와 쾌락을 위한 소비를 한다는 거죠. 그런데 노동자는 많이 먹든 적게 먹든 단잠을 자는데, 부자는 부요함 때문에 단잠을 자지 못한다고 합니다. 더 많은 재산을 추구하기 때문이겠죠. 과하게 재산을 추구하다 보면 우리가 종종 뉴스를 통해 보듯 윤리의 한계를 넘게 됩니다. 탈세하거나 임금을 제대로 주지 않거나 폭리를 취하는 일을 저지르게 됩니다."

대화로 푸는

"있는 사람들이 더한 것 같아요."

"그래서 디모데전서 6장 10절에서 '돈을 사랑함이 일만 악의 뿌리'라고 했습니다. 왜냐하면 생명이나 윤리보다 돈이 더 귀한 것처럼 가치를 왜곡하니까요. 결국 믿음에서도 떠난다고 했습니다. 아마 지금 기독교인 중에도 많을 겁니다. 주님을 믿는다고 하지만 실은 주님이 아니라 학벌이나 연봉을 더 믿고 있으니까요. 예배당 안에 있기는 해도 실은 예수님을 믿는 믿음에서 떠난 거죠. 그래서 골로새서 3장 5절에서 '탐심은 우상숭배'라고 했습니다. 하나님을 섬기는 게 아니라는 선언입니다."

솔로몬의
겸손한 고백
(5:13-20)

　"13절에서 솔로몬은 재물이 그 소유주에게 오히려 해가 된다고 말합니다. 그 세 가지 이유를 14절부터 17절에 걸쳐 말합니다.

　첫째는 14절에서 재난을 당할 때 재물이 도움이 될 수도 있지만 순식간에 없어지기 때문이란 겁니다. 재물을 의지한 사람은 큰 절망에 빠지게 되지요. 자식에게 물려줄 게 재물밖에 없는 사람은 그것이 하나도 없게 됩니다. 또한 그 자식은 아비처럼 물질 중심의 가치관을 가지게 되어 진정한 가치를 보는 눈이 없을 것입니다.

　둘째는 15절과 16절에 나옵니다. 그가 모태에서 알몸으로 나왔으니, 아무리 수고하여 많이 쌓더라도 돌아갈 때 역시 얼은 것을 아무것도 가져갈 수 없기 때문이란 겁니다. 세상 살 동안은 든든한 의지가 될지 모르겠지만 잠시뿐이라는 거죠. 누구에게나 불현듯 다가오는 죽음 앞에 재물은 아무 도움이 되지 않습니다.

셋째 이유는 17절에 나옵니다. '일평생을 어두운 데서 먹으며 많은 근심과 질병과 분노가 있다'라고 했습니다. 재물이 많은 사람이 조명이 없는 곳에 있을 리가 없지요. '어두운 데'는 영적으로 어두워 진정한 가치를 보는 눈이 없다는 겁니다. 그러니 남들보다 많은 재물을 갖고 있으면서도 행복하게 살지 못하고, 왜곡된 가치관 속에서 근심과 질병과 분노 속에 산다는 겁니다."

"정말 그런 것 같아요. 우리도 근심하고 분노할 때가 있지만 잠시 지나갈 뿐이고 그 속에서 살지는 않거든요."

"18절부터 20절은 솔로몬의 작은 결론입니다. 두 절은 시적 요소로 대구를 이루고 있습니다. 18절 '하나님께서 그에게 주신 바', 19절 '하나님이 재물과 부요를 그에게 주사', 18절 '수고 중에서 낙을 보는 것', 19절 '수고함으로 즐거워하게', 18절 '그의 몫', 19절 '제 몫', 18절 '선하고 아름다움', 19절 '하나님의 선물'이 대구를 이루지요.

하나님이 임의로 어떤 사람에게는 소박한 재물을, 어떤 사람에게는 많은 재물을 주신다는 겁니다. 자기가 받은 몫으로 각각 수고를 하면서 즐거워하는 게 하나님이 인생에 주신 선물이고 그런 낙을 누리는 것이 아름답고 선하다는 겁니다."

"20절의 '그'는 18절과 19절에서 말하는 내용을 깨달은 사람을 말합니다. 이것을 깨달은 사람이 누구지요?"

"솔로몬이요."

"예, '그'는 솔로몬 자신을 겸손하게 삼인칭으로 표시한 것입니다. 자기가 사는 동안 더 이상 깊은 근심을 하지 않기로 했다고 합니다. 왜 그럴까요?"

"하나님을 믿기 때문인가요?"

"맞습니다. 이사야 33장 6절에 보면 '하나님을 경외함이 너의 보배'라고 했습니다. 영원히 잃어버리지 않는 보물이 바로 그것입니다. 20절 마지막에 '하나님이 그의 마음에 기뻐하는 것으로 응답하신다'라고 했는데, 이제까지 이야기한 걸 깨달았다고 고백한 솔로몬이 진심으로 바라고 기뻐하는 게 뭘까요?"

"영원한 것 같은데요."

"예, 바로 영원하고 변치 않는 가치를 가진 '구원'입니다. 그는 세상에서 많은 걸 누렸지만 그것이 헛되고 부질없다는 걸 알았지요. 나이가 많이 들어서 고집스러운 늙은이가 된 게 아니라 오히려 절대자의 영원한 구원을 바라는 작은 자의 마음을 갖게 되었음을 고백합니다."

"전도서가 이런 내용이란 게 놀랍습니다."

사람의 마음을 무겁게 하는 것

(6:1-2)

전도서를 같이 공부하는 부부는 모임 시간보다 늘 일찍 오신다. 어떤 때엔 30분 일찍 오셔서 잠시 집에 가서 점심을 먹고 돌아오는 나와 아파트 입구에서 마주친 적도 있다. 여름이 되어 기온이 30도에 육박하니 최소 30분 전에는 먼저 가서 새로 설치한 에어컨의 성능을 보여드려야겠다고 생각했다. 실외기가 작은 '윙' 소리를 내며 돌아가자 실내가 금세 시원해졌다.

공부 시간이 가까웠는데 오시지 않아 '무슨 일이 있으신가?' 생각하고 있는데 전화가 왔다. 일이 있어 이제 막 승용차로 출발한다고. 걸어서 15분 정도 거리라 승용차론 신호등에 걸려도 5분 남짓이면 도착한다. 매번 일찍 오시던 분들이 늦으니 오히려 마음이 편하다. 왜일까?

달달한 간식을 가지고 낮은울타리에 들어와서는 늦어서 미
안하다며 얼른 공부방으로 들어가려 해서, 급한 마음을 달래
고 시원한 음료와 간식을 들자고 했다. 안타깝게도 당뇨가
있어 단 간식을 못 먹는다고 했다. 그래서 들고 오신 티라미
수는 나만 먹고, 대신 땅콩을 내왔다.

"오늘은 전도서 6장인데, 먼저 1절부터 7절까지만 한 절씩
돌아가며 읽겠습니다."

"12절밖에 되지 않으니 한 번에 다 읽으시면 어떨까요?"

성경공부 내용을 메모할 수 있도록 A4지에 전도서 각 장을
옮겨 오니 6장이 짧다는 걸 아는 것이다.

"문단이 다르고 분위기가 달라서 일부러 끊어 읽는 겁니
다."

"지난 시간에 처음 부분만 읽고, 뒷부분은 읽지 않고 바로
설명으로 들어가는 경우가 있어서요."

본문을 읽지 않은 게 아쉬우셨던 것이다.

"오늘은 뒷부분도 꼭 읽겠습니다."

먼저 계획대로 7절까지만 읽었다.

"솔로몬은 왕으로서 별별 일들을 보고 겪었을 것입니다. 그
런데 1절에 '한 가지 불행한 일'을 봤는데, '사람의 마음을 무
겁게 하는 것'이랍니다. 두 분은 어떨 때 마음이 무거우세요?"

대화로 푸는

"한계에 부딪힐 때요."

"더 이상 안 되겠구나! 생각될 때요."

"맞습니다. 사람들의 마음은 다 비슷한 것 같아요. 재물과 권력을 가진 사람이나 갖지 못한 사람이나 나름의 어려움이 있지만, 극복할 수 있을 것으로 보이면 몸은 좀 힘들고 피곤해도 마음마저 무겁진 않을 겁니다. 그런데 '이건 막다른 골목이다, 내가 어떻게 할 수가 없다'라는 생각이 들면 마음이 무거울 겁니다. 솔로몬이 그런 일을 말하겠다는 거지요. 이건 곧 자기가 겪은 절망이기도 한 것입니다.

그 내용이 2절 이하에 나옵니다. 솔로몬은 마치 소설을 쓰듯 한 사람을 상정합니다. '영혼이 바라는 모든 소원에 부족함이 없는 사람'이랍니다. 보통 사람들은 무엇을 소원할까요?"

"재물? 권력?"

"맞습니다. 고대부터 지금까지 그렇습니다. 왜 그럴까요?"

"글쎄요?"

조화로운 세상

"지난 5장에 나왔는데요. 세상에는 무엇이 있어서 그것을 당하지 않으려고 한다고 했었지요."

"아, 학대요."

"맞습니다. 내가 학대당하지 않고, 억울함을 당하지 않으려면 돈과 권세가 있어야 하니까 모든 사람이 소원합니다. 그런데 사람들이 이런 소원을 갖게 된 이유가 무엇일까요? 하나님이 세상을 처음부터 이런 세상으로 만드신 것일까요?"

"그건 아닌 것 같은데요."

"하나님이 만드신 세상의 질서는 무엇일까요?"

"글쎄요?"

"사자와 어린양은 생긴 것도 다르고, 힘도 다르고, 사는 방식도 다르지만, 서로 어울려 조화롭게 살도록 만드셨지요. 그런데 타락 후 약육강식, 적자생존이 세상의 질서가 되어버렸습니다. 사실은 마귀의 속임수지요. 지금도 실은 조화롭게 살수 있어요. 비록 완전하지 않아도 말입니다. 하나님과 사람, 사람과 사람, 사람과 자연이 조화롭게 어울려 살아야 합니다. 그것이 하나님께서 원하시는 바이지요.

그러나 세상이 그렇지 않으니 사람이 고달프고, 자연도 신음하고, 하나님도 아프십니다. 이걸 하나님의 질서로 바라보도록 만드는 게 복음입니다."

대화로 푸는

가졌다고 다 누리는 것은 아니다

"2절에 재물과 존귀를 가진 사람이 그걸 어떻게 얻게 되었다고 했습니까?"

"하나님께 받았다고 했어요."

"그걸 누릴 수 있다고 했습니까?"

"누리도록 허락받지는 못했다고 했습니다."

"누가 누리도록 허락하는 거죠?"

"하나님이요."

"재물과 존귀는 가졌지만 그걸 누리지는 못하는 거지요. 그런데 재물과 존귀를 가진 사람이 그러고 싶겠습니까?"

"너무 싫을 것 같아요, 억울하고."

"재물과 존귀를 가지면 다 가진 것 같은데, 그걸 행복하게 누리는 건 별개라는 겁니다. 눈에 보이지 않지만 그걸 행복하게 누리는 것도 꼭 가져야 하는 건데, 사람들은 그걸 모르죠. 재물과 존귀를 가지면 당연히 누릴 줄로 착각합니다. 그러니 재물과 존귀를 가지려고만 애를 쓰고 그걸 누리는 복은 생각지도 않습니다.

그래서 재물과 존귀를 가져도 불행한 사람들이 많은 겁니다. 재물과 존귀를 가졌는데 건강을 잃은 사람이 흔한 예죠. 하지만 사람들은 더 가져야 할 줄로 또 착각하고 더 가지려고 하며 악순환에 빠져들어요. 재물과 존귀도, 그걸 누리는 것도 하나님이 허락하셔야 합니다. 이 내용은 마치 남의 이야기처럼 하고 있지만, 실은 왕으로서 재물과 존귀를 가져본 솔로몬의 간접적인 고백인 겁니다."

대화로 푸는

대화 17

욕심을 채우려는 사람
채워지지 않는 욕심

(6:3-7)

"3절에 '사람이 백 명의 자녀를 낳고'라고 했는데, 이게 무슨 의미일까요?"

"읽으면서 별로 생각해보지 않았네요."

"옛날 여인이 결혼하면 평균 몇 명의 자녀를 낳을까요?"

"글쎄요, 다섯 명쯤?"

"그렇게 생각한다면 자녀가 100명이라는 말은 곧 무엇을 의미하는 말일까요?"

"아, 아내가 20명이란 말이군요."

"그 아내가 한 방에 모여 합숙할까요?"

"그럴 수 없죠. 다른 방에서 살겠지요. 아, 이 사람은 엄청 부자겠네요."

"그렇죠. 여러 아내에게 거처를 하나씩 마련해주려면 보통 부자가 아니겠지요. 또 아내 20명과 자녀 100명이 열심히 농사지어서 살까요?"

"아, 종들이 엄청 많겠군요."

"한 나라에 이런 사람이 몇 명이나 있을까요?"

"극소수일 것 같아요."

"맞습니다. 거의 왕이나 누릴 수 있는 규모지요. 성경에 의하면 북이스라엘 왕 아합은 아들만 70명(왕하 10:1), 남유다의 왕 르호보암은 아들딸 합쳐 88명(대하 11:21)이라고 합니다. 그런데 행복하지 않답니다. 만족하지 못한다니 이해되세요?"

"이해가 안 되죠."

"그러게 말입니다. 다윗 같은 사람도 왕비가 여럿 있었는데도 남의 아내를 탐했던 적이 있습니다. 자신이 이미 누리고 있는 것을 행복이라 여기지 못하고 만족하지 않는 거죠.

또 그런 조건을 누리고 살았는데도 안장(安葬)되지 못 하는 일도 있다고 합니다."

"그렇게 부자로 잘 먹고 잘 살았는데 왜 안장되지 못하죠?"

"성경 열왕기에 보면 가끔 왕인데도 '열왕의 묘실에 두지 않았다'라는 표현이 나옵니다. 그런 경우인 거죠."

"아, 그런 구절이 있었던 것이 기억납니다."

대화로 푸는

행복한가? 만족하는가?

"다음으로 '낙태된 자'입니다. 전도자는 '헛되이 왔다가 어두운 중에 갔다'라고 표현합니다. 분명히 인간 존재로 왔다는 거죠. 하지만 세상에 나와보지도 못하고, 세상에서 그 존재를 인정하는 가장 기본적인 표현인 이름도 가져보지 못하고 '어두움' 중에 갔다고 했습니다. 너무 딱하고 불쌍한 인생입니다.

최근 미국 연방대법원에서 낙태에 관한 판단을 한 것이 전 세계적인 논란을 일으키고 있는데요. 생명에 대해서는 정말 신중하고 조심스럽게 생각해야 합니다. 그런데 행복하고 만족하지 않으면 그렇게 낙태된 생명보다 나은 게 없다는 겁니다. 예라고 하기엔 너무 극단적으로 들리기까지 합니다. 솔로몬은 행복인 줄 알고 추구했는데 참 행복이 아닌 것을 너무도 크게 느낀 사람인 것 같습니다."

"솔로몬 같은 사람이 이런 말을 하는 것이 놀랍습니다."

"그리스의 대철학자 아리스토텔레스는 '행복'을 인간 최고의 목적으로 보았습니다. 물론 아리스토텔레스가 말한 행복은 지금 우리가 말하는 행복과 조금 차이가 있기는 하지만요. 여기서는 그냥 우리가 사용하는 '행복'의 의미로 봐도 별로 상관없습니다. 6절에 '천 년의 갑절을 산다'면 몇 년을 사는 것일까요?"

"2천 년이겠네요."

"그렇죠. 진시황이 그렇게 바랐던 것처럼 불로불사(不老不死)의 인간이 되어 2천 년이나 살아도 행복을 누리지 못한다면 결국 무익하다는 겁니다. 장수가 소용없다는 거죠. 솔로몬도 행복이 최고의 선(善)처럼 말한 건데, 그리스 철학을 정립했다는 아리스토텔레스보다 거의 5백 년 전입니다."

영혼의 허기

"7절에 정말 시적 표현이 나옵니다. '사람의 수고는 다 자기의 입을 위함이나 그 식욕은 채울 수 없느니라.' 사람은 일단 굶주림을 해결하기 위해 일을 합니다. 굶주림이 해결되면 어떻게 할까요? 똑같은 음식을 놓고 생각한다면요."

"더 맛있는 걸 찾겠지요."

"그렇죠. 맛집들을 찾아가죠. 맛만 있다면 허름한 집도 갑니다. 그다음은요?"

"글쎄요?"

"맛도 있으면서 우아하고 분위기 좋은 집을 찾습니다."

"맞아요, 그렇네요."

"그다음은 어떨까요? 조명, 그릇, 실내장식 등을 소유하고 싶어 하죠."

"정말 그래요."

"7절 후반부에 나오는 '식욕'이란 단어의 원래 의미는 '영혼'입니다. 정말 시적으로 잘 표현한 것 같아요. 배가 고파서 음식으로 채웠는데 몇 시간만 지나면 다시 굶었던 것처럼 배가 고프니까요. 영혼은 세상의 무엇으로도 만족할 수 없습니다. 오직 하나님으로만 영혼의 허기짐을 만족시킬 수 있습니다."

누구도 벗어날 수 없는 '이미'
(6:8-12)

8절부터 12절까지 한 절씩 돌아가며 읽었다.

"8절부터 12절까지 분위기가 어떻게 느껴지세요?"

"1장처럼 '헛되다, 무익하다'와 같이 느껴집니다."

"맞습니다. 절마다 마지막에 그런 표현들이 있지요. 8절 '무슨 유익이 있는가', 9절 '헛되어 바람을 잡는 것이로다', 10절 '능히 다툴 수 없느니라', 11절 '무슨 유익이 있으랴', 12절 '누가 알며, 누가 능히 고하리요'가 있습니다.

먼저 8절을 보면 '지혜자'는 '가난한 자'와 연결되고, '우매자'는 '살아있는 자'와 연결됩니다. 다른 말로 하면 지혜가 있어도 너무 가난해서 먹고사는 것 자체가 해결되지 않으면 그지혜가 무슨 유익이 있느냐는 겁니다. 살아야 그다음에 지혜

대화로 푸는

도 필요한 것이지 살지 못하는데 무슨 지혜가 필요하겠습니까? 인간에게 가장 필요한 지혜는 '어떻게 살 수 있을까'에 대한 답을 제시하는 겁니다. 그런 의미에서 사람을 살리는 지혜지요."

이미 가진 것 누리며 살기

"9절에 '눈으로 보는 것'은 '이미 누리는 것'을 말합니다. '마음으로 공상하는 것'은 욕망으로 헤매는 것을 말합니다. 욕망으로 허상을 헤매는 것보다 이미 소유한 것을 알차게 누리는 게 낫다는 겁니다. 그러나 사람은 잠시 자기가 누리는 것에 만족하기도 하지만 시간이 지날수록 만족도가 떨어지지요. 오히려 욕망으로 허상을 헤매는 경우가 많아집니다. 그러니 '이미 가진 것을 누리는 게 훨씬 나아'라며 마음을 잡아도 헛된 일이 되고 맙니다."

"10절 안에서 반복되고 있는 단어를 찾아보시겠어요?"
"'무엇'?"
"그건 두 번 나오지만 세 번 나오는 단어가 있습니다."
"'이미'?"
"맞습니다. 그런데 의외로 시간이 오래 걸려 놀랐습니다.

자주 나오는 단어를 찾을 때는 소리를 내서 읽는 게 좋습니다. 눈으로만 읽으면 한 가지 방법으로 찾는 것이지만, 소리 내어 읽으면 눈과 귀와 입으로 찾는 것이니까요. 눈으로 놓쳤더라도 귀가 찾기도 합니다."

"아, 그렇겠네요. 다음에는 소리 내어 읽으면서 찾아야겠어요."

"존재하는 건 무엇이든 이름이 있다고 합니다. 그건 그 사회가 그 존재에 대해 무언가 결정을 내렸다는 것이거든요. 사람도 그렇다고 합니다. 이 말은 인생이 무엇인지도 이미 결정되었다는 의미입니다. 누가 결정했을까요?"

"하나님이요."

"예, 10절 마지막에 '강한 자'가 나오는데, 바로 인생을 결정하신 하나님을 가리킵니다. 하나님과 시시비비를 가려 인생을 바꿀 수 없다는 겁니다. 11절 '헛된 것을 더하게 하는 많은 일들'은 '하나님이 정하신 틀을 깨려는 시도들'을 가리킵니다. 이게 성공할까요?"

"아니요."

"누구보다 지혜롭고 많은 재물을 가졌던 솔로몬이 이렇게 저렇게 시도해봤는데 안 되는 걸 이미 경험했습니다. 그래서 그런 시도가 무익하다고 하는 겁니다."

"12절은 아무리 지혜롭고 권세가 많아도 인생에 벌어질 일들을 아는 이가 아무도 없으며, 그걸 미리 알려주고 방비하도록 할 사람도 없다는 겁니다. 진시황이 그 넓은 땅을 차지하고 자기가 차지한 땅을 다 돌아보지도 못하고 죽는 게 아쉬워 불사초와 불로초를 찾았지만 결국 순방하다가 객지에서 과로사했지요. 세상의 지식을 다 가진 것 같은 솔로몬도 그랬다는 겁니다.

긴 세월 살며 돌아보니 하나님이 정하신 것을 누구도 알지 못하고 벗어나지도 못하는데, 코앞에 닥칠 일도 알지 못하면서 교만하게 행했던 게 부끄럽게 여겨진 거지요. 전도서는 솔로몬의 겸손한 고백입니다."

"정말 그런 게 느껴집니다. 그런데 6장은 12절이라 너무 짧은데요."

"염려하지 마세요. 전도서 7장은 29절까지 있어서 6장의 거의 세 배 분량입니다."

"하하~ 그러네요."

솔로몬과 전도서

전도서 이야기를 하면 자연스레 솔로몬의 구원 이야기를 하게 된다. 전도서의 저자가 솔로몬으로 알려졌기 때문이다. 그러나 솔로몬의 구원에 대해 회의적인 사람들이 의외로 많다. 열왕기상 11장을 보면 솔로몬이 이방 여인들과 결혼하고, 그들을 위해 이방 신전들을 건축하고, 여호와 앞에 악을 행하고, 여호와를 떠나고, 여호와의 명령을 지키지 않아서 하나님이 이스라엘을 남북으로 나누었다고 한다.

그 이후 솔로몬이 회개했다는 내용을 성경에서 찾아볼 수 없다. 솔로몬이 하나님을 떠나는 바람에 국가가 분단되는 벌도 받았는데 회개하지 않았으니까 솔로몬은 구원받지 못했을 것이라는 단순한 결론에 도달한 것 같다.

그러나 성경은 개인의 전기가 아니다. 심지어 마태, 마가, 누가, 요한복음서도 예수님의 전기가 아니다. 하나님의 구원의 도를 전하는 책에 예수님의 인생과 언행이 나올 뿐이다. 성경을 인물의 전기처럼 보면 성경만큼 허술한 책이 없을 것이다.

솔로몬에 대해서도 마찬가지다. 그의 개인사가 구체적으로 기록되지 않았고 그럴 필요도 없다. 그렇기 때문에 성경에 없다고 솔로몬이 회개하지 않았다고 단정지을 수는 없다. 그가

대화로 푸는

노년에 기록했다고 알려진 전도서를 읽으면 그의 회개 여부를 판단할 수 있을 것이다.

그런데 한국 성도 중 자녀에게 전도서를 읽으라고 권하는 사람이 있을까 궁금하다. 자녀에게 잠언을 읽도록 한다는 이야기는 자주 들었다. 나도 어릴 때 부모님으로부터 말씀을 듣고 잠언을 하루에 한 장씩 읽기도 했다. 잠언은 형식부터 속담처럼 눈에 쏙쏙 들어오고, 내용도 어린이가 읽어도 이해가 될 만큼 쉽고 비기독교인에게도 수긍이 될 만큼 상식적인 교훈을 담고 있다. 정말 읽으면 지혜로워지고 인생에 도움이 될 것 같다.

더욱이 잠언 스스로가 처음부터 잠언을 읽으면 지혜롭게 될 것이라고 장담하고 있지 않은가. 게다가 31장이다. 한 달에 한 번씩 읽기 딱 좋다. 30일까지 있는 달에는 마지막 날에 2장 읽는 수고를 하면 된다. 잠언이 이사야처럼 66장까지 있으면 어쩔 뻔했나? 잠언은 생긴 것부터 지혜롭게 할 만하다.

그런데 전도서는 12장밖에 되지 않는다. 잠언이 31장까지 있다는 걸 아는 사람 중에도 전도서가 12장이라는 걸 모르는 사람은 제법 많을 것 같다. 성경 분류상 잠언과 똑같이 지혜서라고 하는데도 아무도 지혜서로 여기지 않는 것 같다. 오히려 긍정적인 마음으로 세상을 열심히 살아가야 할 어린 자녀들에게 '허무주의'를 조장할 수 있다며 음란하다고 여기는 '아가'와 함께 금서(禁書) 취급을 받는 것 같다.

그러고 보니 나도 네 명의 자녀들에게 잠언 읽기를 권했으나 전도서 읽기는 권한 적이 없는 것 같다. 전도서는 이렇게 잊혀지고, 묻혀지는 성경이 되었나보다.

대화로 푸는

사람에게 미래가 가려진 이유

(7:1-14)

전도서를 함께 공부하는 부부는 기존 신자이다. 비신자들과의 큰 차이는 낮은울타리에 들어오면 공부방으로 직진한다는 것이다. 그러고는 필기를 위해 성경 본문을 인쇄한 A4지를 꺼낸다. 그런데 오늘 공부할 본문인 전도서 7장이 아니라 요즘 주일 설교 본문인 요한복음을 가져왔다.

"어, 이게 아닌데…. 내가 분명히 챙겼는데…."

웃지만 웃는 게 아니었다. 본문도 없고 메모할 곳도 없어 내가 얼른 노트북으로 작업을 해서 전도서 7장을 A4지로 만들어 드렸다.

절망의 유익

먼저 1절부터 10절까지 한 절씩 읽었다.

"먼저 1절부터 5절까지 대조되는 단어들을 찾아보시겠어요?"

"좋은 이름과 좋은 기름, 죽는 날과 출생하는 날, 초상집과 잔칫집, 슬픔과 웃음, 초상집과 혼인집, 책망과 노래요."

시간은 좀 걸렸지만 잘 찾았다.

"잘 찾으셨습니다. 모두 우리 인생에서 피할 수 없는 것들이지요. 1절에 나오는 좋은 이름은 '명예'를 말하고, 좋은 기름은 '재물'을 말합니다. 각각 대조되고 있는 것들 중 보통 사람들은 어느 쪽을 원할까요?"

"재물, 출생, 잔칫집, 웃음, 노래 같은 걸 원하죠."

"맞습니다. 그런데 전도서는 평소 사람들이 원하지 않는 것이 더 낫다고 말합니다. 만약 피하고 싶은 마음을 참고 전도서가 더 낫다고 하는 걸 선택하면 좋은 일이 생길까요? 특별한 보상이 있을까요?"

"그건 아닌 것 같은데요."

"역시 인생을 사신 분들이라 현명하십니다. 솔로몬은 3절에서 그것이 마음에 유익하기 때문이랍니다. 그러나 실제의 삶에서는 오히려 억울하거나 절망할 때가 더 많을 겁니다. 그런데 왜 마음에 유익하다고 말한 것일까요?"

대화로 푸는

"글쎄요?"

"이 세상에서 겪는 억울함과 절망에서 초자연적인 구원자를 향한 갈망이 나오기 때문입니다. 세상이 살 만하고 좋으면 구원자를 갈망할까요?"

"그렇지 않죠."

"그래서 이 땅에서의 절망이 마음에 유익하다는 겁니다."

변치 않는 진리와 참 지혜

"6절부터 9절까지는 지양(止揚)해야 할 것과 지향(志向)해야 할 것을 말합니다. 먼저 지양해야 할 것들을 찾아보시지요."

"우매한 자들의 웃음, 탐욕, 뇌물, 교만한 마음, 급한 마음, 분노."

"잘 찾으셨습니다. 지향해야 할 것은요?"

"끝과 참는 마음이요."

"끝을 보려면 참아야 합니다. 참아야 기다릴 수 있습니다. 이건 인생에도 중요한 교훈이지만 기독교의 종말 신앙과 맞닿아 있습니다.

10절은 요즘에 자주 나오는 내용입니다. '옛날이 오늘보다 나은 것이 어찜이냐'라는 말은 '왕년에'나 '나 때는 말이야' 식으로 말하는 겁니다. 저도 어느덧 기성세대가 되고 후배가 더 많아지다보니 '옛날에 나는 이렇게 했다'라고 말하게 됩니다. 젊은이들이 가장 싫어하는 말투인데 말이지요. 그럴 땐 '아차, 또 실수했구나' 생각합니다.

과거와 지금은 다른 시대입니다. 그런데 지금 어떻게 하고 있다는 건 보여주지 못하면서, 과거에 어떻게 했다는 것만 말하는 건 지혜가 아니라는 겁니다. 과거는 과거일 뿐이죠. 과거에 진리라고 믿었던 지식이 현재엔 오류가 드러나기도 하니까요.

변치 않는 진리는 오직 하나님밖에 없습니다. 인생 선배가 할 수 있는 가장 좋은 권면은 변치 않는 진리인 하나님을 소개하는 것이겠지요."

"젊을 때는 허세도 부리고 어떻게든 포장하려 하지만, 나이가 들수록 그런 허세가 없어지는 것 같습니다. 그건 솔로몬도 마찬가지인 것 같고요. 11절에 솔로몬이 유산은 아름답다고 합니다. 그는 유산을 많이 물려받은 대표적인 사람이지요. 아버지 다윗이 전쟁으로 평화를 이루고, 성전을 건축할 자재와 비용까지 다 확보해놓았으니까요. 자기가 유산을 많이 물려받은 걸 솔직하게 말한 겁니다.

유산의 꿀맛을 본 솔로몬은 지혜가 바로 그렇다고 말합니다. 지혜는 '햇빛을 보는 자'에게 유익하다고 합니다. '햇빛을 보는 자'는 살아있는 모든 사람을 말합니다. 전에 낙태된

대화로 푸는

아이를 가리켜 '햇빛을 보지 못했다'라고 나왔던 것 기억나시죠?"

"예."

"12절에 '그늘 아래'는 보호받는 걸 말합니다. 이 세상을 살면서 보통 사람들의 가장 강력한 보호 장치가 뭘까요?"

"돈이죠."

"그렇죠. 세상 사는 동안 돈이 정말 든든한 힘이 되죠. 솔로몬이 잠언 14장 20절에서 '가난한 자는 미움을 받고, 부자는 친구가 많아진다'라고 했거든요. 솔로몬은 돈의 위력을 부인하지 않습니다. 그러나 그런 돈보다 지혜가 더 유익하다고 합니다. 그 이유는 지혜가 지혜 있는 자를 살리기 때문이라고 합니다.

솔로몬이 잠언 9장 11절에서 '지혜로 말미암아 생명의 해가 더할 것'이라 하기도 했습니다. 또 잠언 11장 4절에서 '진노의 날에 재물은 무익하고 공의는 죽음에서 건진다'라고 했습니다. 이 지혜는 단순히 세상을 잘 살아가는 처세술이 아닌 걸 알 수 있습니다.

이 지혜는 참 지혜, 곧 예수 그리스도를 가리키지요. 12절의 '지혜 있는 자'란 신약적 표현으로 '믿는 자'를 가리킨다고 볼 수 있습니다. 오직 예수 그리스도를 믿는 자만 구원을 얻으니까요."

"13절과 14절에 가장 많이 반복되는 단어는 무엇일까요?"

"뭐죠? 잘 안 보이는데요. 혹시 '하나님'?"

"예, 맞습니다. 하나님이 뭔가를 하셨다는 겁니다. 그렇게 하나님이 하시는 일에 대해 사람이 취해야 할 태도를 말하고 있습니다. 먼저는 13절에서 사람은 하나님이 하시는 일에 대해 왈가왈부할 수 없다고 말합니다. '하나님이 굽게 하셨다'라고 했는데, 사람의 눈에 굽어 보일 뿐이지요. 피조물이며 완전하지 않은 사람이 감히 하나님이 하신 일이 굽다거나 곧다고 평할 수 없는 거지요.

다만 14절처럼 '형통한 날엔 기뻐하고 곤고한 날엔 겸손히 되돌아보는' 것이 인간의 본분입니다. 인간은 하나님처럼 일의 성패를 결정하는 존재가 아니라 일이 잘되면 즐거워하고 잘 안되면 괴로워하는 존재입니다. 그런데 일이 잘되면 며칠이나 기뻐할까요? 만일 아들이 대학에 합격해서 기쁘다면 그게 얼마나 갈까요?"

"얼마 가지 못하죠."

"맞습니다. 기뻐하다가도 속으로는 금방 등록금 걱정을 하겠지요. 14절에 하나님은 사람이 형통할 때와 곤고한 날을 계속 겪도록 정하셨다고 합니다. 그리고 장래에 무슨 일이 형통하게 될지, 무슨 일이 곤고하게 될지 알지 못하게 하셨습니다.

생각지 못한 성공이 올 수도 있고, 큰 노력을 기울인 일에 실패를 맛볼 수도 있는 거지요.

또 같은 날에도 어떤 일로 기뻐하기도 하고 다른 일로 고민하기도 합니다. 심지어 자녀의 대학 입학처럼 같은 일인데 기쁨과 고민의 양면성이 있기도 합니다. 하나님이 정하신 그 틀대로 사는 게 인생입니다."

"사람은 장래에 대해 정말 궁금해합니다. 두 분은 어떠세요? 미래에 내가 어떤 일을 당할지 궁금하지 않으세요?"

"궁금하죠."

"만약 장래 일을 안다면 우리가 행복할까요? 불행한 일을 막을 수 있을까요? 다른 말로 하면 우리의 운명을 바꿀 능력이 있을까요?"

"없지요."

"그렇다면 차라리 장래 일을 알지 못하는 것이 우리가 살아갈 인생을 위해서는 나을 것입니다. 장래를 안다면 아마 형통한 일도 제대로 즐거워하지 못하고 늘 우울하게 살 것 같거든요. 그냥 형통할 때 기뻐하고 곤고할 때 되돌아보는 게 은혜인 것 같습니다."

"맞아요."

"사람은 이런 인생을 살면서 기쁨의 원천이 일의 성패에 있지 않음을 깨달아야죠. 젊은 날엔 성공을 위해 달려가지만 나이가 들면서 인생의 진정한 기쁨을 찾게 되는 것 같습니다. 변함없는 기쁨의 원천은 인생이나 세상에서 나오는 게 아니라는 걸 깨닫고 변함없는 기쁨, 변함없는 진리를 찾게 되는 거지요.

바로 세상과 질서와 인간이 살아가는 방식을 만드신 하나님, 우리에게 은혜로 다가와주신 예수님이 변함없는 기쁨의 원천이 되십니다."

대화로 푸는

극단을 경계하며
마음 지키기
(7:15-22)

전도서 7장 15절부터 22절까지 한 절씩 돌아가며 읽었다.

"15절부터 17절에서 반복되는 표현이 보이세요?"

"'의인'과 '악인'이요."

"맞습니다. 각각 두 번씩 나오는데 의인은 '지나친 지혜자', 악인은 '지나친 우매자'로 표현한 걸 놓치지 말아야 합니다. 우리가 생각하는 그런 의미의 의인과 악인이 아닌 겁니다."

"그렇군요. 저는 이 부분을 읽으면서 마음이 어렵기도 하고 헷갈리기도 했어요. 성경에서 의인, 지혜자가 되지 말라고 하니까요. 마치 '중간'이 좋다고 하는 것과 마찬가지잖아요. 성경이 그렇게 말할 리는 없을 것 같은데 말이죠."

"여기에서 의인은 단순히 의로운 생각과 행동을 하는 사람이 아니라 '자기 고집이 세고 교만한 사람'을 말합니다. 또 악인은 '부당한 방법으로 자기 세력을 만드는 사람'입니다. 폭력이든 거짓이든 이간질이든 권모술수든 뇌물이든 여러 가지가 해당하지요. 전도자는 양쪽 다 일찍 스스로 망하려 하는 어리석음이라고 지적했습니다. 18절 앞부분에 '너는 이것도 잡고 저것도 놓지 말라'고 합니다. 마치 악을 방조하거나 심지어 어느 정도 권하는 것처럼 보이기도 합니다."

"당연히 그렇게 보이죠. 읽으면서도 정말 이해되지 않는 말씀이에요."

극단으로 치우치지 않는 방법

"18절 말씀만으로는 그렇지만 바로 아래 20절 말씀을 보십시오. '선을 행하고 전혀 죄를 범하지 아니하는 의인은 세상에 없다'라고 합니다. '의인은 없나니 하나도 없다'(롬 3:10)라고 했습니다. 그러니 자기가 의롭다고 지나치게 강조하는 사람은 자기 고집, 교만에 빠진 사람이지 진짜 의로운 사람이 아닌 겁니다.

한때 화제가 되었던 《정의란 무엇인가》라는 책에 나온 내용처럼 많은 사람을 위한 의를 행한다고 하더라도 어느 한 사람에게는 치명적인 위해를 가할 수도 있습니다. 그러나 그 혼란과 고통의 한계를 안고 살아야 하는 게 인간입니다. 이 말씀은 자기 의나 자기 세력에 빠지는 극단(極端)을 경계하는 겁니다. 극단은 묘한 힘이 있습니다. 특히 근본주의 성향이 있는 사람들은 묘한 매력을 느끼고 따르기까지 합니다.

18절은 극단으로 치우치지 않는 방법도 함께 제시합니다. 그것은 '하나님을 경외하는' 것입니다. 하나님을 경외하는 자는 하나님이 세상에 허락하신 것도 겸손히 받아들입니다. 잠언 16장에서 솔로몬은 '악인도 쓸 데가 있다'라고 했습니다. 타인에게 경계(鏡戒)가 되니까요. 다만 하나님을 경외하는 자는 세상에서 극단으로 치우치지 않고 하나님의 다스리심과 섭리를 믿고 기다리지요."

"이 부분에 대한 오해가 풀려서 정말 시원합니다."

마음 지키기

"21절과 22절은 '말'에 관한 이야기입니다. 사람들이 하는 말을 마음에 두지 말라고 합니다. 왜 그럴까요?"

"맞는 말이 아니라서요."

"그렇죠. 사람들의 말은 진리나 절대기준이 아닙니다. 각자 소견에 옳은 대로, 자기 기준대로 말하지요. 그러니 말들이 다를 수밖에 없고 말로 다툴 수밖에 없습니다. 그런데 그 말

중엔 내가 정말 듣기 싫은 말이 있습니다. 바로 남이 나를 비난하는 말입니다. '네 종이 너를 저주한다'라고 했는데, 당시 종은 주인의 삶을 속속들이 아는 사람입니다.

나도 사람이고 다 사정이 있는데 그 속도 모르고 다른 사람들에게 내 단점이나 자신을 서운하게 한 점을 말하고 저주한다는 거지요. 이런 이야기를 들으면 정말 화가 나서 평정심을 지키기가 어려울 것입니다. 믿었던 내 식구나 가까운 사람이 그러면 더 그렇겠지요?"

"당연히 그렇죠."

"그런데 솔로몬이 말합니다. '너도 가끔 다른 사람을 저주하지 않았느냐'라는 거지요. 사람이라면 당연히 내 기준으로, 내 기분으로, 서운하고 속상해서 다른 사람의 사정을 살피지 않고 저주한 적이 있겠지요. 그걸 돌아보면 자기도 앞뒤 따져 보고 한 게 아니라 홧김에 한 것임을 스스로 알고 있습니다. 상대방이나 종도 그럴 것이라는 거지요. 그래서 이 두 절에서 강조하는 단어가 있습니다. 뭘까요?"

"'마음'?"

"맞습니다. 마음을 잘 지켜야 합니다. 내가 당하는 일이나 내가 듣는 말이 하나님이 세상을 다스리는 일 중 일부임을 겸손히 받아들이고, 당하거나 듣기에 너무 힘들면 불쌍히 여기시고 감당하게 해달라고, 마음을 지키게 해달라고 간구하는 거지요."

대화로 푸는

다양한 시도를 통해
깨달은 고백
(7:23-29)

"전도서 7장 23절부터 29절까지는 솔로몬이 세상 돌아가는 이치를 깨치기 위해 다양한 시도를 하며 애썼다는 것과 그렇게 해서 깨달은 내용을 말하고 있습니다. 먼저 23절과 25절에서 솔로몬이 무엇을 깨닫고 증명하려 했는지 말합니다. 23절 '내가 지혜자가 되리라', 25절 '악한 것이 얼마나 어리석은 것이요 어리석은 것이 얼마나 미친 것인 줄 알고자 했다'라고 합니다.

다양한 학문을 부지런히 공부한 솔로몬이 궁극적 지혜를 찾고 있었음을 알 수 있지요. 인간이 먹고사는 문제가 해결되면 궁극적 지혜를 희구하는 게 본성인 것 같습니다."

"그래서 종교를 찾는 것 같습니다."

"제가 어릴 때 과학 문명이 발달한 21세기가 되면 종교가 없어질 것처럼 표현한 소설이나 영화가 많았지만, 꿈만 같았던 21세기가 현실이 된 지금 오히려 더 불확실하고 각박해진 사회로 인해 사람들은 영혼과 마음의 갈증이 더 심해진 것 같습니다."

"맞아요."

인간의 한계를 깨달은 전도자

"솔로몬이 애쓴 흔적을 한번 찾아보시겠어요?"

시간은 좀 걸렸지만 이제까지 같이 공부한 방식으로 찾아냈다.

"23절 '내가 이 모든 것을 지혜로 시험하며', 25절 '전심으로 지혜와 명철을 살피고 연구하여', 27절 '낱낱이 살펴 그 이치를 연구하여.'"

"잘 찾으셨습니다. 그리고 28절 '내 마음이 계속 찾아보았으나'도 솔로몬이 어쩌다 한두 번 시도하거나 특정 시기에만 궁구한 게 아니라 늘 관심을 가졌음을 나타냅니다. 그래서 그리스 철학이 '로고스'라고 표현한 궁극적 지혜나 원리를 솔로몬이 잘 찾아냈을까요?"

"솔로몬이 깨달았다는 건 궁극적 지혜 자체가 아닙니다.

23절과 24절 마지막에서 솔로몬은 '지혜가 나를 멀리하였도다', '누가 능히 통달하랴'라고 해서 자기가 깨닫고 싶은 것을 속 시원히 깨닫지는 못했다고 고백합니다."

"솔로몬이 깨달았다고 한 건 무엇인가요?"

"26절에서 '내가 알아내었도다', 27절 '이것을 깨달았노라', 29절 '내가 깨달은 것은 오직 이것이라'라고 말했는데, 이건 궁극적 지혜가 아니라 자기 잘못과 인간의 한계를 깨달았다는 겁니다. 솔로몬은 지혜를 추구하는 방법의 하나로, 사랑과 행복과 평화를 좇아 많은 여인, 그것도 이방 여인을 아내로 삼았습니다.

그러나 그 여인들을 통해 자신이 하나님을 떠나게 된 치부(恥部)를 고백하고, 자신의 지혜와 재력과 힘으로 사랑과 행복과 평화를 얻어낼 수 있다고 생각한 게 허상이었음을 깨달았다는 겁니다."

"좀 다른 거네요."

"그래서 사람 중에 이런 한계를 제대로 깨달은 사람이 있는지 살펴보았지만, 28절에서 '천 사람 가운데 한 사람을 찾았고, 여자 중에서는 한 사람도 찾지 못했다'라고 했습니다. 이걸 보면 약간 여성을 비하하는 것 같은 분위기인데요. 실은 그렇지 않습니다. 이것 역시 문학적 표현으로 봐야 합니다. '천 사람 가운데 한 사람'은 몇 퍼센트인가요?"

"0.1퍼센트네요."

"0.1퍼센트면 있다고 할 수 있습니까?"

"거의 없는 거죠."

"솔로몬은 남자나 여자나 이것을 깨달은 사람이 거의 없다고 말합니다. 전도서가 논문이 아니라 시가서라는 걸 잊으면 안 됩니다."

"자꾸 잊어먹네요. 시가서라는 걸 기억해야겠어요."

"솔로몬은 궁극적 지혜가 아니라 인간의 한계 속에서 자신이 깨달은 것을 29절에서 말합니다. '하나님은 사람을 정직하게 지으셨으나 사람이 많은 꾀를 내었다'라는 겁니다. 정직하게 지었다는 것은 하나님이 처음 사람을 창조하신 본연의 모습을 말합니다.

하나님과 교제하며 그분 안에서 안식과 만족을 얻도록 사람이 지어졌다는 겁니다. 사람이 꾀를 냈다는 건 그것으로 만족하지 않고 하나님의 품을 떠나 다른 만족의 방식을 추구했다는 겁니다. 아담과 하와는 선악과를 먹었고, 현대인들은 재물이나 성공을 추구하고 있지요. 요한복음 3장 19절은 이를 가리켜 '사람이 빛보다 어둠을 더 사랑했다'라고 합니다.

하나님은 이런 인간을 위해 구원자를 보내셨고, 솔로몬은 하나님을 벗어나 스스로 구원할 수 없는 인간의 죄성과 그 추구하는 바의 허상을 깨달았다는 것입니다. 자신이 경험한 부끄러운 나락에서의 씁쓸한 깨달음을 후세를 위해 겸손히 고백합니다. 그래서 '전도자'라고 한 것이지요."

얼굴의 사나운 것이 변하는 이유

(8:1)

전도서 성경공부를 하는 부부가 제주도 초콜릿을 가져왔다.

"웬 제주도 초콜릿인가요?"

"아들이 취직했다고 지난주에 제주도 여행을 함께 다녀왔어요."

"그런데 그걸 다 가지고 오시면 어떡합니까?"

"저희는 단 걸 별로 좋아하지 않아서요."

"아…. 그럼 제가 맛있게 먹겠습니다. 감사합니다."

먼저 8장 1절부터 6절까지 한 절씩 돌아가며 읽었다.

"1절에 '지혜자'와 '사물의 이치를 아는 자'가 나옵니다. 이제까지 전도서의 흐름으로 봤을 때 어떤 사람을 가리키는 것일까요?"

"하나님을 믿는 자요?"

"예, 맞습니다. 창조의 지혜와 능력을 갖춘 하나님을 믿고 그분의 인도와 처분이 옳다고 신뢰하는 자이지요. 세상 살면서 하나님을 믿는 것이 지혜라는 겁니다. 그 지혜를 가진 자는 얼굴에 광채가 난다고 합니다. 혹시 성경에서 얼굴에 광채가 났던 사람을 기억하세요?"

"예수님이요?"

"그렇죠, 예수님은 변화산에서 광채가 나는 영광스러운 모습을 보이셨죠. 예수님 말고 그냥 사람 중에서는요?"

"금방 생각이 나지 않는데요."

"대표적인 사람이 모세입니다. 모세는 이스라엘 백성이 이집트에서 노예생활하다가 해방된 후, 시내 광야에 이르렀을 때 혼자 시내산에 올라가 하나님의 영광을 보고 십계명을 받아 내려왔지요. 모세 자신은 몰랐지만, 그의 얼굴에 광채가 나서 사람들이 두려워했습니다. 그래서 한동안 수건으로 얼굴을 가려야 할 정도라고 했습니다.

얼굴에 광채가 나서 하나님을 경험한 티를 팍팍 내는 것이 성도의 목적일까요?"

"아닌 것 같은데요."

"얼굴에서 광채가 나는 것이 하나님이 기뻐하시는 모습일

대화로 푸는

까요? 얼굴에 광채가 난다는 말의 진정한 의미는 무엇일까요? 바로 이어지는 다음 표현을 보면 '그의 얼굴의 사나운 것이 변하느니라'라고 했습니다."

백년 동안의 믿음

"아브라함을 예로 들겠습니다. 큰 민족을 이루게 해주신다는 하나님의 약속을 믿고 아브라함이 가나안으로 들어간 것이 몇 살이죠?"

"75세요."

"그리고 몇 살에 아들 이삭을 낳았지요?"

"100세지요."

"그럼, 민족은 고사하고 아들 하나 낳기까지 몇 년을 기다린 겁니까?"

"25년이네요."

"그냥 아이를 낳지 못하거나 오래 기다렸다가 아이를 낳는 일도 있지만, 아브라함에게는 먼저 하나님이 약속을 해주셨지요. 25년이나 기다릴 바에는 굳이 미리 약속하시지 않아도 되지 않았을까요?"

"그러네요."

"그럼, 아브라함은 어떻게 해야 합니까?"

"기다려야죠."

"그냥 기다리나요?"

"약속이 언제 이루어지기를 바라면서 기다리겠지요."

"기다리고 기다리다가 아내 사라의 생리가 끊어졌다가 다시 회춘하는 기적을 경험하면서 100세에 아들 하나를 얻었습니다. 사라는 다시 출산하지 못하고 사망했습니다. 아들 이삭은 40세에 결혼했습니다. 민족을 이루려면 빨리 출산해야 하는데, 이삭도 20년간 자식을 갖지 못합니다. 이삭이 60세가 되어 에서와 야곱 쌍둥이를 낳습니다. 아브라함은 160세가 되어 손자를 본 것입니다. 그리고 175세에 죽습니다. 아브라함은 75세에 하나님의 약속을 받고 175세까지 백년을 보내면서 같이 사는 식구라곤 아들 며느리와 쌍둥이 손자밖에 없었습니다.

그렇게 오래 기다렸지만, 민족을 이룬다는 약속의 성취를 보지는 못했습니다. 그러나 아브라함은 '믿음의 조상', '모든 믿는 자들의 조상'으로 불립니다. 왜일까요? 그는 그 백년 동안 하나님을 믿었습니다. 객지에서 나그네로 사는 동안 여러 일을 겪으면서 하나님의 존재, 능력, 다스리심, 심판을 믿었습니다. 그 믿음이 그를 기다리게 했습니다."

대화로 푸는

하나님을 신뢰하는 믿음

"아마 나그네의 설움이 더 컸다면 아브라함은 견디지 못하고 친지가 있는 고향 땅으로 돌아갔을 것입니다. 기다림에는 인내가 필요합니다. 하루하루 살아내야 하는 인생과 현실은 답답하지만, 하나님이 이루실 것을 신뢰하며 참고 기다리는 것이 믿음이지요. 이런 아브라함이 만약 어려운 일을 당하면 어떻게 반응했을까요?"

"여기에도 무슨 하나님의 뜻이 있을 것으로 생각했을 것 같아요."

"어려운 일을 겪으니 더욱 하나님의 약속과 신실하심을 기억했을 것입니다. 1절 마지막에 '얼굴이 사납다'라는 표현이 있는데 언제 얼굴이 사나워질까요?"

"글쎄요?"

의외의 대답이 나왔다. 얼굴이 사나워질 때가 없단 말인가? 그러나 이 대답을 한 남편분은 그럴 것 같기도 하다. 마치 고(故) 여운학 장로님처럼 늘 '허허' 하고 미소를 짓기 때문이다.

"내가 바라는 대로 되지 않았을 때요."

부인이 곧 내가 원하는 대답을 했다.

"그렇죠. 보통 그렇습니다. 원하는 대로 되지 않으면 사나워지는 사람도 만약 일이 원하는 대로 되면 어떨까요?"

"즐거워하겠지요."

"실은 그 사람은 지금 자신이 원하는 것과 원하지 않는 것에 따라 일희일비하는 사람인 겁니다. 이 사람이 과연 행복한 사람일까요? 지혜로워 보이세요?"

"아니요."

"또한 얼굴의 사나운 것이 변한다는 것은 좋은 일이 생겼다고 호들갑을 떨며 좋아하지도 않는다는 거지요. 하나님이 이 모든 것을 선하게 주관하신다는 것을 신뢰하는 믿음 때문에 심하게 요동치지 않는 사람이 된다는 겁니다."

"그렇군요."

"그렇다고 감정이 없는 목석같은 사람이 된다는 말이 아닙니다. 우리는 연약한 인간이니까 그 슬픔과 기쁨을 하나님께 아뢴다는 거지요. 우는 자와 함께 울기도 하고 웃는 자와 함께 웃기도 해야 하니까요."

대화로 푸는

분별하며 살아도
사고 당하는 세상
(8:2-6)

"2절부터 5절까지 본문에서 가장 자주 나오는 단어를 찾아
보세요."

"왕이요."

"잘 찾으셨습니다. 몇 번이나 반복되고 있죠?"

"다섯 번입니다."

"예, 맞습니다. 그런데 5절 처음에 나오는 '명령'은 누구의
명령일까요?"

"왕의 명령이요."

"그렇죠. 그래서 다른 번역 성경에는 '왕의 명령'이라고 하기
도 했습니다. 그러면 총 몇 번일까요?"

"여섯 번이네요."

"예, 네 절에서 특정 단어가 여섯 번이나 반복되는 건 강조한다는 확실한 증거죠. 2절에서 '왕의 명령을 지키라'로 시작하고, 5절에서 '왕의 명령을 지키는 자는 불행을 알지 못하리라'로 마무리합니다. 앞뒤로 '왕의 명령을 지키라'고 말하는 거지요. 그 사이에는 왕을 어떻게 대해야 하는지 말하고 있습니다. 그런데 하나님이 왕정을 기뻐하실까요?"

"글쎄요?"

"왕정도 당시 하나님이 허락하신 질서입니다. 왕의 명령을 지키는 것은 맹목적으로 왕을 따르기 때문이 아니라 하나님이 만드신 질서이기 때문에 그분을 경외하는 태도 중 하나입니다."

"왕 앞에서 알현을 마치고 나올 때는 어떻게 해야 하죠?"

"뒤로 천천히 물러나야죠."

"그렇죠. 자기 볼일 끝났다고 휙 돌아서 나오면 감히 왕에게 등을 보였다고 왕의 심기가 불편해질 것입니다. 우리가 사극에서 보듯 세상의 모든 왕은 치열한 권력투쟁을 통해 그 자리에 올라갑니다. 그건 성경 역사도 마찬가지입니다.

다윗도 사울 왕의 질투로 10여 년을 도망자로 살았고, 솔로몬도 아도니야의 음모를 신속하게 처리한 다윗 덕분에 왕이 될 수 있었습니다. 그래서 왕은 절대권력에 민감할 수밖에 없습니다. 이인자도 용납할 수 없죠. 4절 마지막에 있는 것처럼 아무리 좋은 조언이라도 마음대로 할 수 없습니다. 여기에서

대화로 푸는

필요한 것이 지혜입니다.”

공의로운 세상, 공의로운 구원자

“5절과 6절에서 반복되는 단어가 보이세요?”

“‘때’와 ‘판단’이요.”

“예, ‘지혜자의 마음은 때와 판단을 분변한다’라고 했습니다. ‘때와 판단’은 시기와 방식을 말합니다. 요즘 말로 하면 TPO(Time, Place, Occasion)입니다. 시간과 장소와 상황에 대한 분별을 말하지요. 왕을 달랠 때인지 간언(諫言)을 할 때인지, 왕과 함께 있을 때인지 물러날 때인지 알아채는 겁니다. 일종의 눈치지요. 신하든 백성이든 왕정 시대에 목숨을 부지하려면 이것이 필요합니다.”

“그런데 6절 마지막에 반전이 벌어집니다. ‘사람에게 임하는 화가 심함이니라.’ 이건 눈치가 없는 사람이 화를 입게 된다는 말이 아닙니다. 그건 5절까지 말하는 당연한 일이고요. 전도자의 말처럼 시간과 장소와 상황에 대한 센스를 가지고 잘 처신했는데도 화가 임한다는 겁니다. 주변에 그런 사람들의 이야기를 듣지 않습니까? 심지어 남보다 착하게 살았는데도 화를 당하는 사람들의 이야기 말입니다.”

“가끔 듣지요.”

"그럼 마음이 어떻습니까?"

"'하나님이 왜 이렇게 하실까?'라는 생각이 들지요."

"그런 일들을 보고 사람들이 뭐라고 할까요?"

"하나님이 진짜 있다면 왜 이런 일이 일어나느냐고 반문하지요."

"예수님도 무고하게 로마에 희생된 갈릴리 사람들, 실로암 망대가 무너져 깔려 죽은 18명이 죄가 더 있어서 그런 일을 당하는 게 아니라고 하셨습니다. 자기 일을 성실히 행하고 타인에게 친절히 대하는 착한 사람도 그런 일을 당하는 게 인생입니다. 이런 세상을 그냥 산다면 얼마나 불안하고 억울하겠습니까? 그래서 공의로운 세상으로 인도할 구원자가 필요한 겁니다."

대화로 푸는

대화 24

할 수도 없고
알 수도 없는 것들

(8:7-17)

8장 7절부터 14절까지 한 절씩 돌아가며 읽었다.

"사람이 아무리 지식과 정보가 많아도 자기에게 닥칠 장래 일을 알지 못합니다. 어떤 지혜자라도 마찬가지이지요. 자신의 미래도 모르는데 남의 미래를 이야기하고 가르칠 수 있는 사람은 없습니다. 미래는 하나님만 아시는 거지요. 8절에서 사람이 어쩔 수 없는 것 몇 가지가 나옵니다. 찾아보시겠어요?"

"바람, 죽는 날, 전쟁?"

"맞습니다. '전쟁은 하나님께 속했다'(대하 20:15)라는 말씀 기억하시지요?"

"알지요."

악인의 삶

"마지막에 나오는 '악'도 사람이 주장할 수 없습니다. 모두 하나님의 주관 하에만 있습니다. 8절 마지막에 '악이 그의 주민들을 건져낼 수는 없다'는 '악을 따랐던 행악자는 다 망한다'라는 의미입니다. 하나님이 악을 심판하신다는 거지요. 어떤 대상을 심판하려면 통제할 수 있고 억제력도 있어야 합니다. 하나님만이 악에 대해 그러실 수 있는 존재이십니다.

9절 처음에 '내가 해 아래에서 행하는 모든 일을 살핀즉'이라고 했는데, 이건 솔로몬이 깨달은 것을 말할 때 사용하는 관용적 표현이지요. 또 다른 깨달음을 설명하는 겁니다. 9절 뒷부분에 '사람이 사람을 주장하여 해롭게 한다'라고 합니다.

이런 사람들이 바로 10절에 나오는 '악인들'이지요. 하나님이 없는 것처럼 살던 그들도 죽음의 때와 권세를 잡고 계신 하나님에 의해 모두 죽었습니다. 그리고 사람들에게 악명이 높았지만 결국 잊힙니다. 자기 마음대로 살았던 악인의 삶이 헛되다는 거지요.

그런데 솔로몬이 말한 이 깨달음에 새로운 게 있습니까?"

"아니요."

"이건 솔로몬만 깨달은 게 아니라 모두가 아는 사실입니다. 악인들의 말로가 결국 이렇게 된다는 걸 알면서도 왜 악은 끊이지 않는 걸까요?"

대화로 푸는

"글쎄요."

"그 이유가 11절과 12절에 있습니다. 첫째는 '악한 일에 대한 징벌이 속히 실행되지 않기' 때문입니다. 금방 벌을 주면 무서워서 누구도 하나님을 거역하거나 악을 행하지 못할 것입니다. 그런데 하나님을 욕하고 악을 행해도 아무 일도 일어나지 않는 거예요. 둘째는 '죄인이 백 번이나 악을 행하고도 장수하기' 때문입니다. 악인들이 너무 건강하고 멀쩡하게 잘 먹고 잘 사는 거예요. 그것도 오래도록 말이지요. 그러니 사람들이 담대히 악을 행하다가 결국 악에게 삼켜지는 거지요.

솔로몬이 12절 중간에 '내가 아노니'라며 또 깨달은 것을 말합니다. 12절과 13절에 걸쳐 하나님을 경외하는 자는 잘될 것이고, 경외하지 않는 자는 잘 되지 못한다는 겁니다. 이건 그가 아는 지식입니다. 그런데 14절에 실제 세상에서는 어떤 일이 벌어지느냐 하면 '악인들의 행위에 따라 벌을 받는 의인들도 있고, 의인들의 행위에 따라 상을 받는 악인들도 있다'라는 겁니다.

성경에서 배운 지식대로라면 '하나님은 행한 대로 갚아주신다'라고 했는데, 실제 세상에서는 의인이 망하고 악인이 득세하는 일이 벌어집니다. 그래서 솔로몬은 14절에서 두 번이나 '헛되다'라는 표현을 썼습니다. 이런 게 세상사입니다. 세상이 이렇게 억울하게 돌아가면 어떤 마음이 들겠습니까?"

"억울하지 않은 세상을 원하겠지요."

"그것이 사람의 힘으로 가능할까요?"

"아뇨."

"그래서 구원자를 기다리고 신의 통치를 갈망하게 되는 겁니다. 전도서는 끊임없이 구원자를 바라보게 합니다."

하루의 행복이 모여 행복한 인생이 된다

전도서 8장의 마지막 부분인 15절부터 17절까지 한 절씩 돌아가며 읽었다.

"사람은 미래를 알고 싶어 하지만 그럴 수 없고, 미래를 알 수 없기에 현재 내가 무엇을 하며 미래를 대비해야 하는지 알지 못합니다. 그럼 어떻게 현재를 살아야 할까요? 솔로몬은 앞에서 했던 이야기를 다시 합니다. 하나님이 사람을 해 아래에서 살게 하신 날 동안에는 수고하고, 먹고, 마시고, 즐거워하라는 겁니다. 그것이 미래를 모르는 사람이 현재를 잘 사는 모습이라는 겁니다.

알 수 없고 불안한 미래에 집착하지 말고 현재를 누리도록 하나님이 허락하신 대로 사는 것이 피조물인 인간의 도리라는 거지요. 이것이 하나님이 정하신 틀 안에서 누릴 수 있는 인간의 낙입니다. 어떻게 보면 참 맥 빠지는 소리지요.

대화로 푸는

새로운 것 시도하지 말고, 쓸데없이 수고하지 말고, 그냥 체념한 듯 주어진 일이나 하면서 소박하게 즐거워하며 살라는 것처럼 보이니까요."

"그러게요."

"솔로몬은 여러 지식과 재물과 권세를 누렸던 사람입니다. 보기 드물게 새로운 시도도 많이 했고요. 그런 그가 왜 그런 이야기를 하는지 다시 16절과 17절에서 말합니다. 자기가 그 정해진 인간의 틀을 뛰어넘기 위해 애썼다는 겁니다. 그 표현을 찾아보시겠어요?"

"16절 '내가 마음을 다하여 지혜를 알고자 하며', 17절 '내가 하나님의 모든 행사를 살펴보니', '사람이 아무리 애써 알아보려고 할지라도', '지혜자가 아노라 할지라도' 같은데요."

"예, 맞습니다. 잘 찾으셨어요. 그런데 솔로몬도 찾았을까요?"

"아니요."

"17절에 '능히 알아낼 수 없도다'만 세 번 반복합니다. 틀을 뛰어넘기 위해 틀을 알아보려 했는데 알 수 없어요. 그러니 그 냥 살 수밖에요. 이건 마치 모든 새로운 시도를 포기하고 살라는 것처럼 오해할 수 있는데요. 그건 아닙니다. 이미 하나님께서 사람에게 가려놓은 미래를 알고자 헛된 수고를 하거나 집착하지 말고, 하나님이 허락하신 노동과 즐거움을 잘 누리며 살라는 이야기입니다.

마치 이런 거지요. 쉬지도 않고 열심히 일만 하는 사람에게 묻습니다.

'왜 그렇게 죽도록 일합니까?'

'나중에 편하게 쉬려고요.'

그런데 나중에 편히 쉴 생각으로 지금 인생의 즐거움을 놓치지 마세요. 20대에 누려야 할 즐거움이 있고, 30대의 즐거움이 있는데 다 미뤘다가 60대 이후의 즐거움만 누리면 뭐합니까? 20대와 30대의 즐거움은 영원히 사라집니다. 내가 주장할 수 없는 생명으로 허락된 오늘 하루를 살아간다면, 오늘 하루에 허락된 즐거움을 놓치지 말고 누리면서 살라는 거지요."

"그건 정말 중요한 것 같습니다. 나이 들어보니 하루하루가 하나의 인생같이 너무 소중하게 여겨지거든요."

"하루의 행복이 잘 모여야 행복한 인생이 되는 거지요."

로마서를 시로 쓴 전도서

(9:1-6)

폭염이 계속됐다. 가장 덥다는 오후 2시 성경공부를 위해 낮은울타리를 찾아오시는 두 분이 참 귀하게 생각된다. 나는 20분 전쯤 에어컨을 튼다. 들어오는 즉시 시원하고 상쾌함을 느끼길 바라기 때문이다. 공부방으로 바로 들어가는 분들께 나는 먼저 음료를 권한다. 남편은 늘 아이스아메리카노를 원하고, 부인은 같은 아이스아메리카노나 얼음을 넣은 시원한 오미자청 혹은 매실청을 마실 때도 있다. 나도 봄엔 커피를 마셨지만, 날씨가 더워진 이후로 오미자청이나 매실청을 마신다. 한 시간 넘게 이야기를 하다보면 입이 마르고 쓰기 때문이다. 갑자기 예배 시간에 사탕을 까서 드시던 할머니들이 생각난다. 나도 당 보충이 필요한 나이가 되었다.

음료를 한 모금씩 마신 후, 전도서 9장 1절부터 6절까지 한 절씩 읽었다.

"1절부터 4절까지 자주 반복되는 단어를 찾아보시겠어요?"

금방 답이 나왔다.

"'모든'?"

한눈에 봐도 너무 자주 나오기 때문이다.

"금방 찾으셨네요. 이제 시가서의 흐름을 금방금방 찾아내실 수 있겠습니다. 그럼 '모든'이나 '모두'가 몇 번 나오는지 세어보시겠어요?"

이제 부인은 내가 반복되는 단어를 찾아보라고 하면 본문을 소리 내어 읽는다. 그래야 눈으로 놓친 것을 귀로도 찾을 수 있다고 내가 말했기 때문이다.

"열 번이네요."

"예, 맞습니다. 전도서는 시가서라고 했습니다. 다른 문체보다 단어에 더 무게감이 있다는 겁니다. 네 절 안에 같은 단어가 무려 열 번이나 나오는 건 솔로몬이 분명히 비중을 두고 있는 것이겠지요? '모든' 외에 그다음 자주 나오는 단어도 찾아보시겠어요?"

이번엔 조금 시간이 걸렸다.

"바로 앞 장에서 잘 나오지 않던 단어가 여러 번 반복되는 게 있습니다."

대화로 푸는

"아, '일반'이네요."

"예, '일반'은 몇 번 나오나요?"

"네 번이요."

"'모든', '모두', '일반'은 예외 없이 같다는 의미입니다. 이 단어들을 합하면 14회나 됩니다. 시어(詩語)의 융단폭격이라고나 할까요. 그런데 안타깝게도 그 내용이 공의나 공정과는 거리가 좀 먼 것처럼 느껴집니다. 한번 볼까요? 의인이나 지혜자는 사람들로부터 사랑을 받아야 할까요, 미움을 받아야 할까요?"

"사랑을 받으면 좋죠."

"옳은 일을 하고 유익한 말을 하는 사람들이니까 당연히 그렇게 여깁니다. 그런데 실제로 그들이 어떤 일을 당하는지 확신할 수 없습니다. 그들이 의인, 지혜자라는 것 때문에 무조건 사랑받지 못하고, 도리어 미움을 받을 수도 있다는 겁니다. 역사적으로도 그렇고요. 모든 것이 하나님의 손안에 있다면서 의인이나 지혜자가 미움을 받아 해를 당하다니, 하나님이 좀 너무하신 것 같지 않으세요?"

"그런 면이 좀 있기도 하지요."

"그럴 때 비신자들은 '하나님이 진짜 있다면 어떻게 이런 일을 내버려두실 수가 있냐?'라며 따지기도 하지요."

"맞아요."

"그 답은 3절에서 찾겠습니다."

"2절에는 '모든'과 '일반'이 여섯 번 나옵니다. 1절부터 4절까지 네 절에 총 14회 반복되는데, 2절 한 절에 그 절반 가까이가 나오는 셈이죠. 그렇다면 2절에 뭔가 있다는 겁니다. 여기에 열거되는 사람들은 어떤 사람들이죠?"

"서로 반대되는 사람들인데요."

"맞습니다. '의인과 악인', '깨끗한 자와 깨끗하지 않은 자'와 같이 반대되는 사람들이 나옵니다. '제사를 드리는 자와 제사를 드리지 않는 자'도 나오는데요, 여기서 '제사를 드리는 자'는 우리나라처럼 하나님을 섬기지 않고 조상을 섬기거나 다른 신을 섬기는 제사를 지낸다는 말이 아닙니다. 오히려 하나님께 제사하는 자, 곧 하나님을 잘 섬기는 자를 가리킵니다.

오늘날로 말하면 주일 예배에 빠지지 않는 사람을 가리키는 거지요. 그런데 주일 예배에 꼬박꼬박 참석하는 자와 주일 예배를 심심하면 빠지는 자가 당하는 일이 똑같다는 겁니다. 그러면 사람들의 마음이 어떻겠습니까?"

"굳이 주일 성수를 하기 위해 애쓸 것 같지 않은데요."

"그렇죠. 비가 오나 눈이 오나 더우나 추우나 주일 예배에 빠지지 않은 사람이 좀 억울할 것 같습니다. 그런데 여기서 하나 짚고 넘어갈 일이 있습니다. 주일 예배에 빠지지 않은 사람들이 왜 억울할까요?"

"하나님을 잘 예배했으니까 하나님이 지켜주시리라는 기대를 하지 않을까요?"

"하나님이 창조주 하나님이니까 그냥 피조물로서 예배하는 게 아니라 어떤 기대가 있었던 거네요."

"아, 그렇게 되는군요."

인간의 전적 타락 전적 부패

"이어지는 3절에 더 신랄한 표현이 나옵니다."

"솔로몬이 잘 쓰는 표현이 또 나왔습니다. '해 아래에서 행해지는 모든 일 중의 악한 것'이 있다고 했습니다.

첫째는 '인생의 마음에 악이 가득하다'라는 겁니다. 아무리 의인이고 지혜자라도 그 속에 악이 있다는 겁니다. 둘째는 '평생에 미친 마음을 품고 있다'라고 했습니다. 겉으로는 얌전하고 착한 사람도 실은 속에 어떤 광기를 감추거나 억누르고 있는지 모르지요. 하지만 솔로몬은 적나라하게 인생을 파헤쳤습니다. 아무리 의인이고 지혜자라도 다 죄와 광기를 감추고 있는 죄인이고 악인이라는 겁니다. 이런 내용을 어디서 들어본 것 같지 않으세요?"

"글쎄요."

"교리 쪽으로 한번 생각해보십시오."

"전적 타락?"

"맞습니다. 솔로몬은 인간이 전적으로 타락한 것을 지적하고 있습니다. 전적으로 부패해서 사실 모두가 똑같이 벌을 받아야 할 죄인이라는 겁니다."

"아, 그렇군요. 그러면 '일반'이라고 해도 할 말이 없네요."

"아직 한 가지가 더 남았지요. 3절 마지막에 '후에는 죽은 자들에게로 돌아가는 것'이라고 했습니다. 이게 무슨 뜻이지요?"

"의인이든 악인이든 다 죽는다는 뜻이겠죠."

"맞습니다. 그건 점잖은 표현이고요. 3절을 요즘 식으로 말하면 이런 겁니다. '인생은 마음에 악이 가득해, 실은 광기를 가득 담고 있는 거야. 그다음은 어떻게 되냐고? 모두 다 뒈지는 거지. 그밖에 뭐가 있겠어?'

전적으로 타락한 인간은 '조금 의인'과 '조금 악인'만 있을 뿐 모두 똑같고, 그들에게는 고난과 죽음만 기다릴 뿐이라는 걸 솔로몬이 말하고 있습니다. 인간에겐 소망이 없다는 거지요."

구원자를 바라라

"그럼, 소망 없이 끝난다는 걸까요?"

"구원자를 바라겠지요."

"맞습니다. 솔로몬은 지금 인간에게는 소망이 없으니 하나님이 보내시는 구원자를 바라야 한다는 복음을 전하고 있습니다."

"4절부터 6절은 그래도 산 자에게 소망이 있음을 말합니다. '산 개가 죽은 사자보다 낫다', '죽은 자들은 아무것도 모른다', '죽은 자들은 다시는 상을 받지 못한다', '죽은 자들의 이름은 잊혀졌다', '죽은 자들에게는 사랑과 미움과 시기도 없어졌다', '죽은 자들에게 돌아갈 몫은 없다'라고 반복해서 말합니다.

이게 무엇을 말하는 걸까요? 그래도 살아있는 동안에는 돌이킬 기회도 있고, 구원자를 바랄 소망이 있다는 겁니다. 그러니 살아있는 동안 회개하고, 구원자를 믿는 일을 놓치지 말고 반드시 하라는 겁니다. 솔로몬은 정말 강력한 전도를 하고 있습니다. 시가서라 시적으로 표현되었지만, 독자는 그 농도를 제대로 살려서 읽을 줄 알아야 하겠습니다."

"전도서가 이런 의미인 줄 정말 몰랐습니다. 이렇게 전도서를 이해하며 읽으니 정말 좋습니다."

"우리의 심령이 원색적인 복음 그 자체를 원하기 때문입니다."

무의미한 인생 속에 부여된 의미
(9:7-11)

"전도서 9장 7절부터 10절까지 전도자가 '모름지기 사람들은 이렇게 살아야 한다'라는 식으로 말한 내용이 절마다 나옵니다. 한번 찾아보시겠어요?"

이번엔 반복하는 표현이 아니기 때문에 시간이 좀 걸렸다. 힌트가 필요했다.

"끝날 때 '~지어다' 식으로 마칩니다."

힌트가 컸는지 금방 찾아냈다.

"7절 '너는 가서 기쁨으로 네 음식물을 먹고 즐거운 마음으로 네 포도주를 마실지어다', 8절 '네 의복을 항상 희게 하며 네 머리에 향 기름을 그치지 아니하도록 할지니라', 9절 '네가 사랑하는 아내와 함께 즐겁게 살지어다', 10절 '네 손이 일을 얻는 대로 힘을 다하여 할지어다'. 힌트를 주시니 쉽네요."

"단어가 아니라 문장이라 좀 어렵게 느껴지셨겠지만, 비슷한 분위기의 문장 또한 단어처럼 반복된다면 그 부분을 강조하는 겁니다. 이제 반복되는 단어도 찾아보시겠어요?"

"'기쁨', '즐거움'?"

"예, 맞습니다. 세 번 반복되죠."

"그다음 반복되는 단어도 찾아보세요."

"'헛된'?"

"맞습니다. 두 번 반복됩니다."

하나님과의 관계 : 인간의 존재 의미

"전도서에 자주 '헛된'이란 단어가 반복되는데, 전도서는 분명히 허무주의 입장이 아닙니다. 허무하고 의미 없는 인생인데 즐거워하라고 하고, 깔끔하게 하라고 하고, 열심히 살라고 하는 게 앞뒤가 맞지 않지요. 여기서 '헛된'의 의미는 인생이 잠시 있다가 사라지는 안개와도 같다는 겁니다.

10절에 '네가 장차 들어갈 스올'이란 표현이 나옵니다. 인생은 언젠가 죽을 존재라는 거죠. 언젠가는 죽을 존재이고, 잠시 있다가 사라지는 안개와도 같은 인생인데, 전도자는 7절 뒷부분에서 좀 의아한 표현을 씁니다. '하나님이 네가 하는 일들을 벌써 기쁘게 받으셨음이니라.' 헛된 안개와도 같은 인생을 하나님이 기쁘게 받으시다니요? 이건 인간의 삶의 한계와 본분을 하나님이 정하셨기 때문입니다.

그래서 하나님이 정하신 대로 열심히 일하고, 단정하게 살고, 가족과 이웃들과 즐거운 마음으로 먹고 마시면 하나님이 그것을 기뻐하신다는 겁니다. 그런데 어떠세요? 우리가 사는 모습이 다람쥐가 쳇바퀴 돌리는 것같이 허무하게 보일 때가 있지 않으세요?"

"가끔 그럴 때도 있지요."

"가끔요? 저는 자주 그러는데요. 인생을 긍정적으로 아주 열심히 잘 사셔서 그런 모양입니다. 어떻게 보면 비록 다람쥐가 쳇바퀴 돌리는 것처럼 반복되는 인생이지만 그 안에 개인과 이웃 그리고 이미 전도자가 언급한 대로 하나님과의 관계를 만들어가는 것이 인간이 찾을 수 있는 존재 의미입니다."

"관계가 핵심이군요. 정말 그런 것 같습니다."

60년 가까이 열심히 사신 분들이 보는 인생은 인생 최고의 지혜자라는 솔로몬이 본 인생과 별로 다르지 않았다.

시기와 기회를 모두에게 주시는 하나님

"11절에서 반복하는 단어를 찾아보세요."

대화로 푸는

"'아니며'?"

"예, 한 절에 다섯 번이나 반복되니 눈에 확 들어옵니다. 전도서는 시가서니까 이렇게 반복하여 의미도 강조하고 시적 분위기도 살리지요."

"그럼 시가서는 처음부터 시처럼 편집하면 좋았을 뻔했습니다."

"저도 아쉬워서 그런 생각을 해봤는데요. 아마 그러면 성경이 두 배로 두꺼워져서 사람들이 읽을 엄두를 내지 못할걸요. 가지고 다니려고 하지도 않을 거고요."

"하하. 그러네요."

"방금 찾은 '아니며' 앞에 나오는 사람들이 있는데, 어떤 사람들인지 찾아보세요."

"빠른 경주자들, 용사들, 지혜자들, 명철자들, 지식인들."

"다른 단어들인데도 잘 찾으셨습니다. 이 사람들은 어떤 사람들인가요?"

"잘나가는 사람들이네요."

"하하. 맞습니다. 성공한 사람, 사람들이 되고 싶어 하고, 되려고 노력하는 사람입니다. 그런 사람이 다 잘 먹고, 잘 살고, 행복할 걸로 생각하니까 그렇습니다. 그런데 우리가 11절에서 본 것처럼 세상 돌아가는 일이 똑똑한 그들의 뜻대로, 성공한 그들의 능력대로 돌아가지는 않습니다. 전도자는 분명히 '그렇지 않다'라고 했습니다.

오히려 11절 마지막에 전도자는 '시기와 기회는 그들 모두에게 임함이니라'라고 했습니다. 세상에는 거북이가 토끼를 이기고, 개천에서 용 나는 일이 생깁니다. 그런데 실제 세상에서는 토끼들이 서로 자지 말자고 연합해서 거북이가 절대 토끼를 이기지 못하는 세상을 만들고, 개천을 복개하여 용이 나지 못하도록 만들기도 합니다. 그렇더라도 세상의 주관자는 하나님이십니다. 하나님이 시기와 기회가 모든 사람에게 임하도록 하신다는 겁니다. 정말 은혜와 위로가 되는 말씀이지요."

"우리 자녀들이 꼭 읽어야 할 말씀이네요."

"그럼요. 자녀들이 세상은 고정된 시스템에 의해 지배되고, 자신은 그 부속이 되는 게 아니라 하나님의 은혜 속에 사는 존재임을 알면 좋겠습니다."

대화로 푸는

구원이 필요함을 역설하는 전도자
(9:12-10:1)

　내용이 연결되는 부분이 있어 9장 12절부터 10장 1절까지 한 절씩 읽었다. 성경의 저자들이 처음부터 장절을 구분하여 기록한 것은 아니다. 장과 절도 한 번에 만들어진 게 아니다. 장은 11세기에 만들어졌고, 절은 16세기에 만들어진 것으로 알려져 있다.

　장절이 나누어져 처음 출간된 것은 16세기에 나온 '제네바 성경'이다. 성경을 읽을 때나 특히 공부할 때 반드시 장별로 끊을 필요가 없다는 의미이다.

　"11절에 지혜자, 명철자, 지식인 등 소위 똑똑하고 성공한 사람들이 나옵니다. 그런데 그들도 전혀 알지 못하는 게 있습니다. 뭘까요?"

"미래의 일이요."

"예, 맞습니다. 12절에 '자기의 시기를 알지 못한다'라고 했습니다. '자기의 시기'란 '죽을 날'을 말합니다. 인생에 닥칠 재앙의 날은 그들도 전혀 예측하지 못하게 '홀연히' 임한다는 것입니다. 세상에서 아무리 뛰어난 사람이라 해도 자기의 미래나 혹은 자신이 어떤 일로 언제 죽을지 알지 못한다는 거죠. 자기 자신을 구원할 수 있는 사람이 아무도 없다는 겁니다. 그러면 무엇이 필요하겠습니까?"

"구원자요."

"맞습니다. 이제 전도서의 큰 흐름을 제대로 보시는 겁니다. 모든 인생에게는 구원자가 필요하다는 것이 전도서의 일관된 메시지입니다."

가난한 자의 지혜를 멸시함

"13절에 '해 아래에서'라는 표현이 나옵니다. 이게 무슨 의미라고 했지요?"

"솔로몬이 또 무엇 하나를 깨달았다는 것이겠지요."

"맞습니다. 이제 척척이십니다! 13절부터 17절까지 반복되는 단어를 찾아보십시오."

"'지혜'와 '가난'이요."

"잘 찾으셨습니다. '지혜'가 네 번 나오고 '가난'이 세 번 나옵니다. 성읍이 군대의 공격으로 위기를 맞았을 때 지혜자가 지혜로 그 성읍을 구원했는데, 그가 가난하니까 아무도 기억하는 사람이 없다고 합니다. 가난과 조건 때문에 지혜가 제대로 대우받지 못한다는 거지요.

그것은 지금도 마찬가지입니다. 심지어 교회에서도 똑같은 말을 목사가 하면 그러려니 하고 듣고, TV에 나오는 박사의 말을 더 믿습니다. 똑같은 목사라도 시골 교회나 개척 교회 목사의 말은 싱겁게 듣고, 대형 교회 목사의 말이나 기독교 방송에 나오는 목사의 말은 진리처럼 듣습니다. 이 얼마나 우스운 일입니까?

가장 우스운 일은 하나님의 아들 예수님이 로마 식민지인 유대 땅에서도 변방인 갈릴리 지방의 가난한 나사렛 출신이란 이유로 평생 예루살렘의 종교 지도자들뿐 아니라 일반 백성들로부터도 멸시를 받으셨다는 겁니다. 만약 예수님이 로마 황실의 자손으로 태어났다면 그들이 어떤 태도를 보였을까요?"

"막 대하지 못했겠지요."

"진리냐 비진리냐를 분별하는 게 아니라 형편과 조건을 먼저 보는 건 동서고금을 막론하고 비슷한 것 같습니다. 연약한 인간의 모습이지요."

복음을 거절하는 우매함

"전도자는 16, 17, 18절에서 분명 지혜가 힘보다 낫고, 지혜가 우매한 호령보다 낫고, 지혜가 무기보다 낫다고 말합니다. 그러나 죄인 한 사람이 많은 선(善)을 무너지게도 하는 것이 인생사라고 말합니다. 이 내용이 10장 1절에도 반복되기 때문에 10장 1절까지 읽었습니다.

'향기름'에 빠져 죽은 파리 한 마리가 향기름에서 악취가 나게 하고 향기름을 못쓰게 하듯 우매한 한 언행이 지혜와 존귀를 난처하게 만드는 것이 인생사입니다. 그럼 지혜를 추구하는 입장에서는 어떻겠습니까?"

"답답하고 안타까울 것 같습니다."

"그렇죠. 전도자는 지금 도(道)를 전하고 있습니다. 곧 하나님을 믿어야 한다는 복음을 전하고 있습니다. 이것이 인간이 가질 참 지혜라고 말하고 있습니다. 그런데 인간의 우매함이 참 지혜인 복음을 거부합니다. 그것이 별것 아닌 것 같고, 자기 소신대로 행하는 것 같지만, 결국 자기 영혼을 부패하게 하고 사회를 부패하게 합니다. 전도자는 전도서 곳곳에서 복음을 받아들이라고 권합니다."

"아빠가 전도서에 대한 책을 쓰다보니 다른 사람들이 전도서에 대해 어떤 생각을 갖는지 알게 되었어. 보통 전도서에 대한 인상을 '헛되다'로 갖고 있더라고. 문득 너는 무슨 생각을 하는지 궁금한데 말해줄 수 있니?"

"물론 '헛되다'가 많이 남죠. 그런데 그건 대부분이 전도서를 그렇게까지만 듣고, 알고 있어서 그런 것이 아닐까요? 저도 고1때 전도서를 읽었는데, 글을 읽고 이해할 정도의 사람이 전도서를 끝까지 다 읽으면 '다 헛되고 헛되다'라는 생각만 갖지는 않을 거예요."

"우와! 우리 아들 똑똑하다."

"한국 교회 전체적 분위기가 전도서의 시작이 '헛되고 헛되니 헛되다'라고 해서 다들 듣기 거북하고 피하는 분위기라 그렇지, 그래도 성경인데 성경의 교훈이 '다 헛되다'라는 게 말이 되나요?"

"그러게 말야."

"솔로몬 정도 되는 사람이니까 '다 헛되고 헛되다' 했던 거지, 우리가 '그래, 다 헛된데 열심히 살아서 뭐하니?'라고 하는 건 말이 안 되는 것 같아요."

"같은 말이라도 의미가 다르고 무게가 다른 거다?"

"전도서를 읽을 때 초점을 '헛되다'에 두고 읽다보니…. 물론 분위기가 그러니까 아예 배제하고 읽을 수는 없겠지만요. 그래도 '전도서도 지혜서다'라는 시각으로 읽는다면 달라지지 않을까요?"

"처음부터 편견을 가지고 읽은 부작용이라는 거구나."

"세상에 제일 가는, 전에도 없었고, 후로도 없을 지혜를 얻고도 진리를 찾으려던 솔로몬의 노력…."

"제대로 문장을 만들어서 아빠에게 보내줄래?"

그렇게 해서 얻은 아들의 글이다.

"'헛되다'라는 말이 거북하게 들려 전도서 읽기 시작 자체를 꺼리는 사람들이 더러 있다. 자신이 가진 삶의 목적과 가치가 불분명해지고 희미해질까봐. 전도서는 전무후무한 부와 지혜를 갖고도 진리를, 복음을 찾으려던 솔로몬의 노력의 흔적이다. 전도서도 지혜서이고, 전도서도 성경이다.

읽기를 꺼릴 필요가 없다. 오히려 삶의 목적과 가치가 분명하고 뚜렷해질 수 있다."

대화로 푸는

전도서에 부정적인
내용이 담긴 이유
(10:2-9)

폭염으로 성경공부도 방학을 했다. 내심 8월 말까지 방학하고 9월부터 다시 시작하면 좋겠다고 연락하려는데 "내일 오후 3시에 가겠습니다"라고 먼저 연락이 왔다. 부랴부랴 공부할 내용을 준비했다.

오랜만에 두 분이 만면희색을 띠고 낮은울타리에 오셨다. 3주를 쉬었는데 느낌은 더 오래 쉰 것 같다. 개학한 학교인 듯 그동안 서로 어떻게 지냈는지 대화했다.

나는 방학 동안 주일 예배 때 설교했던 '왜 이렇게 예배하나요?' 시리즈 10편의 설교를 동영상으로 제작해서 유튜브에 올렸다고 했고, 두 분은 내가 서울광염교회에서 '내 마음의 로마서'라는 제목으로 본문을 한 절 한 절 읽으며 강의했던 영상을 보며 로마서를 공부했다고 했다.

이런 학생들을 두고 개학을 2주나 미루려고 한 것이 미안했다.

"지난 시간에 9장 마지막 절과 10장 1절에서 작은 우매가 아주 큰 부정적 영향을 미친다고 마무리했습니다. 죽은 파리가 향유 전체를 악취 나게 하듯 작은 우매가 지혜와 존귀를 난처하게 만들고 선을 무너뜨린다고 했습니다. 만약 생수 20리터들이 한 통에 병균으로 오염된 피 한 방울이 떨어졌다는 걸 알면 그 물을 드시겠습니까?"

"아뇨."

"피 한 방울은 보이지도 않는데 마셔도 괜찮지 않을까요?"

"그래도 마시면 안 되죠."

"그렇죠? 작은 우매의 영향력이 그 정도입니다. 가장 대표적인 것이 바로 하나님을 거부하는 것입니다. 착하고, 인품 좋고, 어려운 이웃을 돕는 고상한 사람이라도 하나님을 거부하는 하나의 우매가 그 영혼을 심각한 지경에 빠지게 할 수 있습니다.

10장은 그 우매함을 말합니다. 10장 2절부터 마지막 20절까지 한 절씩 읽겠습니다."

대화로 푸는

너는 제 자리를 떠나지 말라

"읽으면서 어떤 단어가 가장 많이 반복되는지 보셨지요?"

"예, '우매한 자'요."

"별로 주의 깊게 읽지 않아도 '우매한 자'와 '우매'가 많이 나오는 걸 알 수 있을 정도입니다. 세상에 드러난 우매함을 강조하는 거죠. 2절에 '지혜자의 마음은 오른쪽에 있고, 우매자의 마음은 왼쪽에 있다'라고 합니다. 성경에서 오른쪽과 왼쪽이 단순히 방향을 가리키는 것이 아닐 때, 오른쪽은 '바른' 것을 말하고, 왼쪽은 '악하거나 어리석은' 것을 말합니다.

그런데 3절에 우매한 자는 '동행하는 사람들에게 자기의 우매함을 말한다'라고 했습니다. '저는 우매합니다. 저는 악하고 어리석은 선택을 합니다'라고 말한다는 게 아니라 이런저런 말로 끊임없이 자신의 우매함을 드러낸다는 의미지요."

"4절부터 7절은 왕에 의해 행해지는 우매함과 그에 대한 지혜로운 대처법을 말합니다. 전도자는 신하와 사람들에게 분노를 일으키는 주권자의 허물의 내용을 말하기 전에 4절에서 먼저 지혜로운 대처법부터 말합니다. 왕정이 배경이기는 해도 지금도 사회생활을 할 때 우리에게 필요한 지혜인 것 같습니다. 전도자는 '너는 네 자리를 떠나지 말라'라고 권면했습니다. 신하는 마땅히 주권자의 원칙이나 명령에 공손히 따라야 합니다. 그러나 국가나 백성을 생각하거나 자신의 인간적인 면을 생각할 때 도저히 참을 수 없을 때도 있을 것입니다.

그럴 때 홧김이나 자존심 때문에 '더러워서 더 이상 못하겠습니다'와 같은 태도를 보이지 말라는 겁니다. 사극을 봐서 아시겠지만, 가끔씩 왕은 신하들을 달아봅니다. 그가 정말 믿을 수 있는 신하인지 테스트하지요. 하지만 여기서는 5절에 '해 아래에서의 재난'이라고 표현한 것으로 보아 그냥 우매한 왕의 허물입니다. 그런데도 섣불리 자기 의에 휘둘려 행동하지 말라고 권면합니다."

"그 아래 6절과 7절에 그 우매함이 나옵니다. '우매한 자가 높은 지위를 얻고 부자들이 낮은 지위에 앉는다'라고 했습니다. 여기서 '부자'는 단순히 돈 많은 사람이 아니라 신분 사회에서 지식과 교양을 갖춘 귀족을 가리킵니다. 다방면의 지식과 경험을 쌓아온 사람이 책임 있는 자리에 오르는 게 아니라 자기 욕심을 위해 왕의 비위나 맞추는 악하고 어리석은 자가 높은 자리에 오르면 나라가 혼란해지고 백성이 고초를 겪습니다.

고대는 사회의 구조가 신분으로 이루어졌고 그 정점에 왕이 있는데, 하루아침에 노예가 말을 타고 고관들이 노예처럼 걸어다닌다면 그 나라는 안정을 유지할 수 없을 것입니다. 옛날 고려 무신정권 때를 보면 그 불안함을 알 수 있지요. 누구든

대화로 푸는

힘으로 밀어붙여서 최고 권력자의 자리에 오를 수 있는 시대라면 평안할 수 없는 건 당연합니다."

이 땅의 온갖 함정과 모순들

"8절에 '함정을 파는 자'가 나옵니다. 사람이 왜 함정을 팔까요?"

"다른 사람을 빠뜨리려고요."

"다른 사람을 해치든, 짐승을 잡으려는 목적이든, 대상이 내가 아닌데 바로 자신이 함정에 빠지는 일이 생긴다는 겁니다. 담을 헌다는 건 땅을 더 차지하든, 대치하던 관계가 사라지는 걸 비유적으로 묘사한 것이든 좋은 일이지요. 그런데 뱀에게 물리는 것 같은 일을 당할 수도 있다는 겁니다. 9절도 마찬가지입니다. 돌을 뜨는 사람이 다친다면 무엇 때문에 다칠까요?"

"돌을 뜨다가 돌이 잘못 쪼개지거나 구르거나 해서 다치겠지요."

"그렇죠. 나무를 쪼개는 사람도 마찬가지일 것입니다. 이 말은 예를 들면 이런 겁니다. 저는 대통령실에 있는 사람들로부터 특별한 해를 당하지 않을 것입니다. 왜냐면 그들과 얽힐 일이 없기 때문입니다. 자기와 전혀 상관이 없는 일이나 사람들과는 아무 일도 일어나지 않습니다. 하는 일과 얽혀 있는 사람들 때문에 몸과 마음이 상하고, 심지어 위태로워지는 일까지 생깁니다."

"그러네요."

"4절부터 9절까지는 나라를 잘 다스려야 하는 사람이 오히려 우매하게 행하여 질서를 어지럽히고, 자기가 그 일을 하지 않았더라면 당하지 않을 고난을, 그 일을 하기에 당하는 모순 같은 일을 말하고 있습니다. 이 땅에서 일어나는 일들이 얼마나 우매하고 모순덩어리 같습니까? 이 땅은 언제 어떤 일이 벌어질지 모르는 불안하고 소망 없는 곳입니다.

보통 사람들은 그러려니 하고 살아가거나 자기 이득을 위해 약삭빠르게 대처합니다. 하나님만이 이런 세상을 직시하고 새로운 세상을 꿈꾸게 해주십니다. 하나님의 시각을 제공하는 책이 성경입니다. 성경을 통해 하나님이 주시는 시각은 먼저 세상에 대해 절망하게 합니다. 또한 변치 않는 순리를 진심으로 소망하게 하지요."

　　　　　　　　　　　　　대화로 푸는

우매한 인간이
찾아야 할 길
(10:10-20)

"칼은 언제 갈아야 할까요?"

"무뎌졌을 때요."

"자르고 난 다음에 갈아도 되지 않을까요?"

"잘 자르는 게 목적이니까 자르기 전에 먼저 갈아야죠."

"정말 지혜로운 분별이고 대답입니다. 칼은 쉽게 가르거나 잘 자르는 게 목적이니까 무언가를 자르기 전에 먼저 날부터 갈아야겠지요. 앞서든 뒤서든 똑같지 않으며 분명 우선해야 할 일이 있습니다."

인간의 결정적인 우매함

"마술쇼 같은 걸 보면 바구니에서 뱀이 나올 때 술객이 피리를 불어 뱀을 제어합니다. 긴장감을 높이기 위해 기다리다가 술객이 피리를 불기도 전에 다른 사람이 뱀에게 물리면 어떻게 될까요?"

"쇼고 뭐고 다 소용없죠."

"사람들은 술객의 피리 소리를 듣고 싶은 게 아니라 술객이 뱀을 제어하는 걸 보고 싶은 거니까요. 10절과 11절은 시기의 중요성을 나타냅니다. 사람들이 기대하는 언행이라도 그 적절한 때가 있다는 겁니다. 그때가 어긋나면 언행을 했더라도 하지 않은 것과 같은 결과를 초래할 수 있지요. 그 적절한 시기를 맞추는 것이 지혜입니다. 그런데 살아보니 어떠세요? 그 시기를 맞추기가 쉽던가요?"

"너무 어렵죠."

"목사인 저도 마찬가지입니다. 목회는 정말 타이밍이 중요하거든요. 그런데 그때를 맞추는 게 쉽지 않습니다. 사람이 다르고 사정이 다르니 획일적으로 적용할 수도 없지요. 그래서 매번 어렵습니다. 이 시기를 분별할 수 있으면 목회가 좀 쉬워질 것 같기도 한데요. 그 적당한 때를 알지 못하는 것이 인간의 우매함입니다. 때에 대한 인간의 가장 결정적인 우매함은 구원의 문이 언제든 열려 있을 거라고 생각하는 겁니다.

정말 예수님이 진짜 유일한 구원자라면 자신이 죽기 전에 언제든 믿을 수 있다고 생각하는 거지요. 하지만 개인적 종말이든 지구의 종말이든 그 종말은 갑자기 다가오고, 그때 구원의 문이 이미 닫혔음을 발견하게 될 것입니다."

하나님께로 향하는 길

"12절부터 14절에는 우매자의 말에 관한 이야기가 반복해서 나옵니다. 우매자의 말이 어떤 결과를 초래한다고 말합니까?"

"자기를 삼키고, 심히 미친 것이고, 장래 일을 알지 못한다고 하네요."

"앞의 두 표현은 무슨 뜻인지 알 것 같은데, '장래 일을 알지 못한다'라는 건 무슨 뜻일까요?"

"글쎄요."

"전도서 앞쪽에서 여러 번 나왔던 표현입니다. 기억을 한번 더듬어보세요."

"죽음?"

"맞습니다. 어리석은 말로 죽음을 초래한다는 겁니다. 자기를 삼키고, 미친 것이고, 죽음을 부른다는 것이 점층적 표현처럼 보이지만 의미는 같습니다. 자기 스스로 망한다는 뜻이지요. 이처럼 우매한 자는 말만 해도 결과가 좋지 않습니다. 그럼 우매한 자가 자기 말을 행동으로 옮기는 수고까지 하면 어떻게 될까요?"

"더 안 좋게 될 것 같은데요."

"말 그대로 설상가상이겠지요. 이 코미디 같은 내용을 15절이 언급합니다. 우매한 자의 수고는 '자신을 피곤하게 할 뿐이라'라고 했습니다. 수고했으니 좋은 결과가 나오면 좋은데 그냥 수고만 했을 뿐 무익하다는 겁니다. 시간과 수고가 투자되었는데 무익하다면 실제로는 자신이나 타인에게 피해를 준거지요.

그들의 행태에 대한 안타까움을 전도자는 15절 마지막에 비유적으로 표현합니다. '성읍에 들어갈 줄도 알지 못한다'라고 했습니다. 이게 무슨 의미일까요? 일할 때가 있으면 쉴 때가 있는데, 우매한 자들은 10절과 11절에 언급된 것처럼 때를 모르고 헛된 수고를 자기 몸이 상하도록 한다는 겁니다. 또 하루 일을 마쳤으면 성읍 안에 있는 집으로 돌아가야 하는데 그 돌아가는 길도 모른답니다. 정작 자기가 가야 할 길을 모르는 거지요.

마치 도시에서 성공을 좇아 일에 중독된 현대인을 보는 것 같습니다. 전도자는 우매한 자의 행태를 지적하며 인간이 진정 가야 할 길에 대한 질문을 갖게 합니다. 우리 인간이 진정 가야 할 길이 무엇일까요?"

"믿음의 길?"

"맞습니다. 하루 일을 마친 사람이 집으로 가서 쉬듯 인간 존재와 생명의 근본이자 고향인 하나님께로 향하는 길로 가야지요. 예수님이 '내가 곧 길이요 진리요 생명이니 나로 말미암지 않고는 아버지께로 올 자가 없느니라'(요 14:6)라고 하셨습니다. 예수님이 바로 그 길이 되십니다. 전도서는 정말 틈날 때마다 전도하는 책입니다."

지혜로운가? 우매한가?

"16절부터 20절은 왕과 신하가 지혜로운가 우매한가에 따라 나라의 운명이 어떻게 달라지는지 말하고 있습니다. 16절과 17절이 두 나라를 대조하는데, 평소 우리가 사용하는 표현과 좀 달라서 주의 깊게 봐야 합니다. 왕에 대한 묘사를 보면 16절에 왕이 '어리다'라고 했습니다. 우리나라 역사에서도 왕이 어리면 엉뚱한 사람이 권세를 휘두른 예를 찾아볼 수 있지만, 이 말은 단순히 나이가 어리다는 말보다는 왕으로서의 품격이나 지혜가 없다는 의미입니다.

마찬가지로 17절의 '귀족들의 아들'도 귀족의 아들이니까 왕으로서 자격이 충분해서 나라를 잘 다스린다는 의미가 아니라 지혜와 품격이 있다는 뜻입니다. 왕이 지혜롭고 품격이 있으면 대신들이 먹기는 먹되 사리사욕을 채우기 위함이 아니라 열심히 일하기 위해 먹는다는 겁니다.

대신 왕이 지혜가 없고 우매하면 대신들이 백성을 돌보지 않고 아침부터 잔치를 벌이며 사리사욕을 채우게 될 것입니다. 그런 나라가 잘될 리가 없죠. 그런 나라의 실태가 18절과 19절에 나옵니다. 나라든 집안이든 부지런히 일하고 살림을 점검하지 않으니 곳곳이 새고 기둥이 무너진다는 거지요.

그런데도 현재의 기쁨을 위해 잔치를 벌이고 술을 마시며 말합니다. '돈은 범사에 이용되느니라'라는 말은 '돈이면 다 된다'라는 의미입니다. 배금주의를 가장 잘 표현한 말이지요. 그들이 무엇을 기쁨으로 삼고 무엇을 의지하는지 가리지 않고 드러낸 표현입니다. 그러나 개인의 죽음이나 마지막 심판 때도 돈으로 피할 수 있을까요?"

"그럴 수 없죠. 말도 안 되죠."

"피하고 싶어도 피할 수 없는 인생의 종말이 갑자기 다가왔을 때 자신의 가치관이 얼마나 잘못되었나 깨닫겠지만 그때는 이미 늦습니다. 마지막 20절은 우리말 속담과 좀 비슷하지 않나요?"

"그러네요. '낮말은 새가 듣고 밤말은 쥐가 듣는다'와 비슷합니다."

"그렇죠? 사람 사는 세상은 어디나 비슷한 것 같습니다. 특히 10장 내내 반복해서 나오는 내용이 우매자의 말에 대한 것

대화로 푸는

입니다. 우매자는 자신의 어리석음을 감추지 못하고 말로 드러낸다고 했습니다. 생각하면 결국 말로 나오게 되고, 나온 말은 전파되고 행동으로 옮겨지니까요. 우매자뿐 아니라 우리도 마찬가지지요. 우리 입에서 나오는 말들은 결국 내가 생각했던 말이지 않습니까?"

"맞아요. 나도 모르게 나오더라고요."

"불쑥 들어온 생각을 거르지 않으면 나도 모르게 입에서 나옵니다. 생각이 많으면 결국 행동으로 옮기고요. 그래서 예수님도 생각으로 음욕이나 탐욕을 품지 말라고 경계하신 것입니다. 고대 사회에서 왕을 저주하는 말을 했다가는 죽임을 당하죠. 목숨을 유지하기 위해서라도 생각 조심, 말조심을 하라는 겁니다. 오늘은 여기까지 하겠습니다"

"11장이 짧아서 다음 시간에는 전도서를 다 마치겠는데요?"

"예, 그럴 것 같습니다."

"그럼, 책거리를 하나요?"

"당연히 해야죠. 다음 주에는 조금 늦게 시작해서 같이 저녁을 하면 좋겠습니다."

"저희도 좋습니다."

작은 인간을 향한 하나님의 큰 사랑

(11:1-8)

　이제까지 한 번 모임에 한 장 정도 진도를 나갔다. 그런데 11장이 10절밖에 되지 않고 12장도 14절로 짧아 한꺼번에 두 장을 공부하고 전도서를 마무리하기로 했다. 하지만 세상일이 늘 계획대로 되는 건 아니다. 오전부터 일정이 있었고, 걸려 온 전화로 갑작스러운 일이 생기기도 했다. 그래서 낮은울타리에 10분 전에 겨우 도착했다. 바로 성경공부 준비를 하지 못하고 급한 서류를 팩스로 보냈다.

　그때 초인종이 울렸다. 얼른 뛰어나가 문을 여니 두 분이 환한 얼굴로 들어왔다. 전도서를 마친다고 했으니 들어오면서부터 벌써 끝낸 것 같은 분위기였다. 두 분을 보니 나도 덩달아 분주했던 마음이 사라지고 기분이 좋아졌다.

"오늘은 약속대로 마지막까지 가보겠습니다. 일단 11장을 한 절씩 읽겠습니다."

보통 교회에서는 설교 본문이나 성경공부 본문을 읽을 때 마지막 절은 같이 읽는다. 그러나 낮은울타리에서는 그러지 않는다. 읽는 순서를 정해주고 첫 절을 내가 먼저 읽으면서 어떤 어조와 어떤 속도로 읽을지 분위기를 만든다. 그리고 그 순서대로 한 절씩만 읽는다. 정확하게 분량이 맞을 때도 있지만 내가 마지막 절을 읽게 될 경우도 있다. 마지막 절을 같이 읽지 않아 어색함을 느끼는 사람들은 기존 신자들이다.

그만큼 우리는 종교적 습관에 길들어서 그렇게 하지 않으면 뭔가 이상하게 여기고 심지어 잘못되었다고 생각하기도 한다. 진리 여부와는 아무 상관이 없는데도 말이다. 낮은울타리 모임을 하며 나도 많이 느끼고 배우는 부분이다.

혼자서는 살 수 없다

"1절에 '너는 네 떡을 물 위에 던져라'라고 했습니다. 그 지역에선 떡이 아니라 빵이겠지요. 이게 무슨 의미일까요? 물고기 밥을 주라는 것도 아닐 텐데요. 그런데 여러 날 후에는 도로 찾을 거라고 합니다. 물 위에 빵을 던져 흘려보냈는데 어떻게 도로 찾을 수 있을까요? 이건 비유인데요, 그 의미를 2절에서 말합니다.

'일곱에게나 여덟에게 나누라'라는 겁니다. 이웃과 나누라는 건데요. 한두 명도 아니고 일곱이나 여덟과 나누는 건 쉽지 않지요. 좀 더 적극적인 나눔과 구제를 권면합니다. 이어 '무슨 재앙이 땅에 임할지 알지 못한다'라고 했습니다. 내가 지금은 나눌 수 있는 형편인지 몰라도, 미래에는 어려움을 당해 도움이 필요한 상황이 될지 모른다는 거지요. 그때 다른 사람의 도움과 나눔을 통해 내가 또 사는 겁니다.

우리가 살면서 그런 걸 느끼지 않으세요? 내가 수고해서 번 것으로만, 내 힘으로만 사는 사람이 세상에 있을까요? 사는 날이 많아질수록 이웃과 서로 돕고 나누는 것을 통해 산다는 것을 절실히 느끼는 것 같습니다.

잠언 11장 25절에는 '남을 윤택하게 하는 자는 자기도 윤택하게 될 것'이라고 했습니다. 남을 돕느라 분명히 내 시간과 재물을 손해 봤는데, 결국 그 이상으로 채워지는 걸 경험하는 것이 인생인 것 같습니다. '비웠더니 오히려 더 채워졌다'를 배우는 것. 그런데 전도자가 이걸 권하는 거예요. 왜일까요? 하나님이 인간을 그렇게 살도록 정하셨기 때문입니다. 나누고 사는 게 순리라는 거지요."

"맞아요. 나누면 주는 사람도 즐겁고 받는 사람도 즐거우니까요. 사람은 그렇게 살아야죠."

"사람들은 돈이 없으면 살 수 없습니다. 그래서 손익을 많

대화로 푸는

이 따지지요. 하지만 돈으로 살 수 없는 즐거움이나 유대감이 없어도 살 수 없지요. 전도자는 작은 재물을 나눔으로 훨씬 더 큰 인생의 유익을 얻으라고 말하는 겁니다. 요즘 세상은 점점 더 발달하고 도시는 더 커지는데 사람들은 더 불행하고 외로워하는 것 같습니다. 전도자의 말에 귀를 기울여야 하는 이유입니다."

"4절과 6절은 약간 속담 분위기를 내며 또 다른 인생의 권면을 하고 있습니다. 전도자는 인생 후배와 후손들에게 무엇을 권하는 것일까요? 한번 다시 읽고 생각해보세요."

"부지런해야 한다는 걸 말하는 것 같습니다만⋯."

"맞습니다. 1절과 2절이 나눔과 구제를 권면했다면, 4절과 6절은 게으름을 경계하고 근면을 권합니다. 4절은 더 좋은 때가 오기를 기다린다고 핑계 대며 정작 합당한 노력을 하지 않는 자는 아무것도 이룰 수 없다는 겁니다. 모든 조건이 원하는 대로 이루어지는 때는 없습니다. 신앙이나 교회생활도 마찬가지이고요."

하나님의 영역

"신자 중에 '자기는 요즘 슬럼프에 빠져 있다'고 하는 사람이 있습니다. 지켜보면 늘 '슬럼프'라고 합니다. 그런데 그건 슬럼프가 아니라 그냥 그 사람의 수준인 겁니다. 교회도 사람들이 모인 곳인데 어떻게 자기의 마음에 쏙 들겠습니까? 자기가 좋아서 결혼한 사람도 미울 때가 있고, 내가 낳은 자식도 마음에 들지 않을 때가 있는데 말이지요. 예배마다 어떻게 감동과 깨달음이 넘치고, 매일 좋은 일만 생기겠습니까?

신앙은 이벤트가 아니라 생활이고 삶입니다. 일상이 어떻게 상승 곡선만 그리겠습니까? 오르막이 있으면 내리막이 있는 게 당연하지요. 비가 온다고 핑계 대고, 햇볕이 뜨겁다고 핑계 대면 농부가 어떻게 농사를 지을까요? 일상이든 신앙이든 꾸준하고 성실하게 하는 것이 무언가를 이루는 순리입니다.

그런데 이처럼 사람이 이웃에게 구제와 나눔을 하고, 부지런히 살면 모두 성공하고 행복하게 살 수 있을까요?"

"그런 일은 없죠."

"아마 청년들은 그럴 수 있다고 믿을걸요? 하하하. 역시 60세 가까이 인생을 사신 분들이라…. 사람이 그렇게 살아도 성공하고 행복하게 살 수 없는 건 아무리 애써도 도저히 어떻게 할 수 없는 부분이 있기 때문입니다. 3절과 5절에 바로 그 내용이 나옵니다. 구름에 비가 가득하면 땅에 쏟아지는 건 삼척동자도 아는 사실입니다. 사람이 노력한다고 비가 오게 할 수 있나요?"

"불가능하죠."

"구름에 수분이 가득하면 비가 내리는 건 누가 그렇게 정했을까요?"

"하나님이죠."

"구름이 수분을 담는 용량과 시간은 누가 정했을까요?"

"역시 하나님이죠."

"농부가 비가 오든 햇볕이 뜨겁든 핑계하지 않고 밭에 나가 파종을 하고 열심히 일해도 비가 오지 않는다면 농사를 망칠 수밖에 없습니다. 사람이 어쩔 수 없는 하나님의 영역이 있기 때문입니다. 5절에도 '네가 바람의 길을 아냐? 태아의 뼈가 어떻게 자라는지 아냐?'라고 묻는 것도 바로 그 부분이지요. 나누고 부지런히 살면 그다음은 하나님께 맡겨야 합니다."

작은 우리 인생의 실상

"6절 뒷부분에 그걸 말합니다. 사람이 한 가지 일만 하는 것도 아니고 한 가지 관계만 있는 것도 아닌데, 그 중 '이것이 잘 될지, 저것이 잘 될지, 혹 둘 다 잘 될지 모른다'라고 했습니다. 혹 둘 다 잘못될 수도 있지요. 사람은 도리를 다하고 나머지는 하나님께 맡기는 겁니다. 동양의 고사성어로 표현하자면 진인사대천명(盡人事待天命)입니다.

그러면 인생이 참 작아 보입니다. 아무것도 아닌 것 같습니다. 그런데 그게 인생의 실상입니다. 관측된 것만 천억 광년이라는 이 어마어마한 우주는 끝이 어디인지, 어디서 시작되었는지 인간은 알지 못합니다. 크기로 보자면 지구는 그 우주의 먼지와도 같습니다. 그리고 그 지구 위에 아등바등 살아가고 있는 것이 우리 인간입니다.

그런 인간과 우주를 만드시고 주관하시는 하나님이 우리를 사랑하고 의미 있는 존재로 여겨주신 것입니다. 인간의 작음보다 하나님의 사랑이 더 큰 것이죠. 7절과 8절은 그런 인간이 누리고 살라고 주신 내용이 나옵니다. 7절과 8절에 반복되고 있는 표현을 찾아보시겠어요?"

"'즐거움'?"

"맞습니다. 태양을 보는 게 뭐가 즐겁습니까? 좋은 리조트에 드러누워 시원한 음료를 마시고 있어야 즐겁지요. 그냥 여러 해 사는 게 뭐가 즐거운 일입니까? 돈도 많이 벌고 자녀가 잘되어야 즐겁지요. 이게 하나님이 기본적으로 즐겁게 누리라고 주신 행복의 조건과 인간이 변질시킨 부분입니다.

'소확행'이란 말처럼 '작지만 확실한 행복'을 하나님이 주셨는데 욕심꾸러기 인간은 그걸 행복이라고 여기지 않고 다른 조건을 채우려고 합니다. 하나님은 사람이 그날의 즐거움을 놓치지 않고 누리며 살기를 바라신 겁니다.

하지만 8절 마지막은 또 인생의 어두운 부분을 경계합니다. '캄캄한 날들'이 많을 거라는 거지요. 그렇다고 우울하게만

대화로 푸는

살 수는 없습니다. 다가올 일은 아무도 장담하지 못하니까
요."

모든 인생에게 다가오는 종말

(11:9-12:7)

"말씀드렸다시피 원래 성경은 장절 구분이 없습니다. 굳이 단락을 나누자면 전도서 11장 9절부터 12장 7절까지를 한 맥락으로 나누고 싶습니다. 이 부분에서 가장 많이 나오는 단어를 찾아보시겠어요?"

"'청년'이네요."

"하하, 이제는 척하면 척입니다. 11장 9절에 두 번, 12장 1절에 한 번 반복됩니다. 설교를 진지하게 듣거나 나름 성경을 꾸준히 읽으신 분들에게 익숙한 구절은 '너는 청년의 때에 너의 창조주를 기억하라'라는 12장 1절입니다. 하지만 그 앞에서 이미 '청년'이 두 번이나 반복됩니다.

또한 전도자의 말을 듣는 '청년'을 가리키는 이인칭 대명사

'네'와 '너'가 일곱 번이나 나옵니다. 노년의 솔로몬이 그 시대의 젊은이들과 인생 후배들에게 마지막으로 교훈과 경계를 남깁니다."

"드디어 전도서 마무리를 하게 되다니 설레네요."

"저도요. 예전에 전도서 설교를 한 적은 있지만 8장까지 하다가 사정이 있어 중단하고 마치질 못했습니다. 그런데 두 분 덕분에 함께 끝까지 할 수 있게 되어 제가 감사합니다."

"저희가 감사하지요."

"전도자는 청년에게 '네 어린 때를 즐거워하고, 네 청년의 때를 기뻐하고, 네 마음이 원하는 대로 행하라'라고 합니다. 이제까지 전도서의 분위기와는 조금 다른 느낌이지요?"

"좀 그렇네요."

"솔로몬이 젊을 때 자기가 원하는 것을 좇아 마음대로 살았던 것을 후회하는 분위기였는데, 마지막에 와서 갑자기 '네가 원하는 대로 젊음을 누리며 살아봐라'라고 말하니까 의외입니다. 이렇게 끝나면 안 되지요. 반전이 있습니다. 9절 마지막에 '하나님이 이 모든 일로 말미암아 너를 심판하실 줄 알라'라고 했습니다. 그러니까 '네 마음대로 살아봐라, 하지만 심판이 있다'라고 한 겁니다."

"그럼 그렇죠."

"그렇다면 어떻게 살아야 할까요? 10절에 '근심이 네 마음에서 떠나게 하며 악이 네 몸에서 물러가게 하라'라고 권면합니다. 살면서 어떻게 근심이 없을 수 있습니까? 막연한 이야기가 아니라 '근심'은 '분노와 슬픔'을 말하는데요, 이제까지 전도서의 흐름으로 봤을 때 다른 말로 하면 세상에 너무 연연하지 말라는 것입니다. 그래서 10절 마지막에 '어릴 때와 검은 머리의 시절이 다 헛되다'라고 하는 거지요."

하나님을 기억하라

"12장 1절부터 7절까지 한 가지를 말합니다. 1절 '곤고한 날', '아무 낙이 없다고 할 해', 2절 '해와 빛과 달과 별들이 어두울 때' 등은 인생이 저물어 가고 결국 죽음에 이르는 것을 가리킵니다. 5절에 '살구나무가 꽃이 피며'라고 했는데, 이 말을 우리식으로 하면 '검은 머리가 파뿌리가 되었다'라는 뜻으로 백발이 되었다는 거지요."

"살구나무꽃이 흰 모양이네요?"

"사실 저는 잘 모릅니다. 성경 지리 답사로 이스라엘을 방문한 적이 있었는데, 안내하시던 목사님이 이스라엘에서의 관용적 표현이라고 가르쳐줬습니다. 바로 뒤를 보면 '메뚜기도 짐이 될 것'이라 했습니다. 얼마나 노쇠하면 메뚜기도 짐처럼 여겨질까요. 펄펄 날 것 같던 청년도 어느 순간 자기 한 몸 돌보기도 힘든 지경이 된다는 겁니다.

대화로 푸는

7절은 '죽음'을 직접적으로 말합니다. '흙은 땅으로 돌아가고 영은 하나님께로 돌아가는 때'가 바로 죽음이죠. 1절부터 7절까지 피 끓는 청년도 어느 순간 노쇠하고 죽음을 맞이할 수밖에 없다는 것을 말하는데, 그 앞뒤로 아주 중요한 교훈을 말합니다. 그게 무엇일까요?"

"기억하라."

"맞습니다. 1절과 7절에 수미상관법처럼 '기억하라'를 배치했습니다. 다른 결론으로 빠지지 않도록 마치 울타리를 친 것 같습니다. 무엇을 기억해야 할까요?"

"하나님이요."

"창조주이시고 모든 것을 주관하시는 하나님, 어리석은 인생이 불순종하고 심지어 존재를 부인해도 우주의 질서를 붙잡고 계시는 하나님, 끊임없이 무지한 인생을 향해 설득하시는 하나님을 기억하라는 겁니다. 네가 젊음과 넘치는 힘이 있다고 까불 때, 인생의 고지에 올라설 때, 어느덧 인생의 황혼을 경험할 때, 제발 목숨이 붙어 있을 때 하나님을 기억하라고 강조하는 겁니다.

그냥 넘어갈 수 없는 부분이 있는데요. 12장 2절이 일차적으로는 인생의 저물어 감을 의미하지만 '해와 빛과 달과 별들이 어두워진다'라는 표현을 어디서 본 것 같지 않으세요?"

"예, 본 것 같기도 합니다."

여호와의 크고 두려운 날이 이르기 전에 해가 어두워지고 달이 핏빛 같이 변하려니와 요엘 2:31

그날 환난 후에 즉시 해가 어두워지며 달이 빛을 내지 아니하며 별들이 하늘에서 떨어지며 하늘의 권능들이 흔들리리라 마태복음 24:29

넷째 천사가 나팔을 부니 해 삼 분의 일과 달 삼 분의 일과 별들의 삼 분의 일이 타격을 받아 그 삼 분의 일이 어두워지니 낮 삼 분의 일은 비추임이 없고 밤도 그러하더라 요한계시록 8:12

"세상의 종말에 하나님이 심판하실 때 어떤 일이 벌어지는가를 예언할 때 나왔던 내용입니다. 자연적인 현상이기도 하고, 이 땅의 권세자들이 하나님의 심판 앞에 몰락할 거라는 의미이기도 합니다. 인생도 저물어가지만, 세상도 저물어가고 있다는 거지요. 그 앞에서 우리 모든 인생이 기억할 것을 전도서 가장 마지막에 강조하여 말합니다."

대화로 푸는

솔로몬이
전도서를 쓴 이유
(12:8-14)

"이제 전도서의 마지막이자 결론입니다. 8절부터 11절까지 다시 읽으시며 반복되는 단어를 찾아보시겠어요?"

"'전도자'네요."

"예, 세 번 반복됩니다. 그런데 9절에서 '전도자'는 곧 '지혜자'라고 했거든요. '지혜자'도 결국 '전도자'를 가리키는 것이니까 다섯 번입니다. 그런데 여기서 그치지 않습니다. '전도자'나 '지혜자'는 곧 11절에 표현한 것처럼 '회중의 스승'이지요. 그러니까 8절부터 11절까지 '전도자'와 같은 의미의 말이 여섯 번이나 반복됩니다. 전도서의 마지막에서 솔로몬은 왜 '전도자'를 이렇게 강조하고 있을까요?"

"글쎄요."

"특정 시대에 전도자는 어떤 역할을 해야 하고, 그 근본은 어디에 있는가를 밝히고 싶었던 것 같습니다. 자기도 지금까지 많은 말을 했는데, 듣는 사람들이나 인생 후배들이 '그건 당신 생각이고요'라든가, '그땐 그랬지만 지금은 달라요'라고 반응할 수 있지 않을까요?"

"그렇죠. 요즘 젊은이들처럼."

"전도자는 9,10절에서 말하는 것처럼 백성들에게 지식을 가르치고, 깊이 생각하고 연구하여 유익한 말들을 남기고, 말씀들을 기록하기도 했습니다. 그런데 이런 것이 자신이 임의로 행한 게 아니란 거지요. 11절 마지막에 '한 목자'로부터 나왔다고 출처를 밝힙니다. 자기 마음대로 인생을 파악하고 나름 논리를 붙여 사고체계를 만든 게 아니라는 겁니다.

시대를 아울러 하나의 메시지를 전하도록 한 참 전도자요, 참 지혜자요, 참 스승이 있다는 거지요. 그럼, 이 '한 목자'가 누구일까요?"

"예수님이요."

"빙고! 맞습니다. 세상에서 가장 지혜롭다는 솔로몬이 그 시대의 전도자요, 지혜자요, 스승의 역할을 하며 이 이야기를 했지만, 이 교훈은 그 시대에만 그치지 않고, 다른 시대에 '한 목자'를 통해 세워진 다른 사람을 통해 같은 메시지를 전한다는 겁니다. 그 메시지가 이제까지 전도서의 내용이고, 뒤에 나올 전도서의 결말이며, 성경이고, 복음입니다."

"12절은 학생들이 몰라서 그렇지, 사실 알게 되면 아마 '내가 모든 것을 할 수 있느니라'라는 구절보다 더 좋아하게 되고 암송도 할 겁니다. 어릴 때 방학을 맞아 만났던 저와 사촌 동생도 성경을 읽다가 이 구절을 보고 마치 성경에서 보물을 발견한 듯이 '와, 성경에 이런 구절이 있다니'라며 서로 웃기도 하고, '많이 공부하는 것은 몸을 피곤하게 하느니라' 이것을 암송했던 기억이 납니다. 솔로몬의 이 이야기는 무슨 뜻일까요? 학문이 필요 없다는 뜻일까요? 모든 게 헛되니 열심히 공부해봐야 소용없다는 뜻일까요?"

"그건 아닌 것 같은데요."

"앞에서 보았듯이 솔로몬은 진리를 찾기 위해 다양한 학문을 했고, 사람으로서 최고라는 왕으로서 할 수 있는 이것저것을 다 해보았습니다. 대규모 토목 공사도 하고, 향락과 육신의 즐거움을 추구하기도 했습니다. 그런데 무엇을 하든 만족을 얻지 못했고, 진리에 이르지도 못했지요.

솔로몬은 뭔가 다른 결론에 도달하기를 원했지만 다른 결론은 없었습니다. 다른 결론을 찾아 헤매는 것이 헛수고이고 자신을 허탈하게 만드는 일이라는 겁니다. 솔로몬이 얻은 인생과 세상의 결론을 13절과 14절에서 말합니다. 솔로몬의 결론이고 전도서의 마지막인데 같이 한번 읽어볼까요?"

¹³ 일의 결국을 다 들었으니 하나님을 경외하고 그의 명령들을 지킬지어다 이것이 모든 사람의 본분이니라 ¹⁴ 하나님은 모든 행위와 모든 은밀한 일을 선악 간에 심판하시리라 전도서 12:13-14

"13절은 사람의 본분을 말합니다. 사람의 본분은 창조주로서 인간의 근본이신 하나님을 경외하고 순종하는 것이랍니다. 하나님을 경외하고 순종하는 가장 핵심이 무엇일까요?"

"계명을 잘 지키는 것이요?"

"구약 시대에는 그렇게 생각했죠. 그런데 그게 아니란 걸 신약을 통해 알게 됐습니다."

"예수님을 잘 믿는 것?"

"맞습니다. 하나님이 주신 모든 말씀은 예수님을 믿고 구원을 받으라는 데 집중되어 있습니다. 예를 들어 이웃 간에 어떻게 지내고, 제사를 어떻게 지내라는 건 지엽적입니다. 그 모든 것이 무엇을 가리키고 있는가를 봐야 합니다. 하나님이 모세와 선지자들을 통해 많은 말씀을 하셨는데 도대체 말씀하시고 싶었던 핵심이 무엇이었을까요?"

"예수님을 믿는 것이요."

"맞습니다. 예수님도 누가복음 24장에서 '모세의 율법과 선지자의 글과 시편'이 예수님을 가리키고 있다고 말씀하셨습니다."

참 전도자, 참 지혜자, 참 스승 예수

"창조주 하나님이 원하시는 인간의 본분은 예수님을 믿고 하나님과의 관계를 회복하는 것입니다. 14절은 하나님이 어떤 분이신지 말합니다. 하나님이 심판하시는 분이랍니다. 세상의 재판관과 다른 점은 소송과 분쟁에 휘말린 일만 심판하시는 게 아니라 '모든 행위와 모든 은밀한 일'에 대해 심판하신답니다. 하나님은 자료나 증인을 요청하지 않으십니다. 모든 사람의 모든 것을, 심지어 은밀한 생각까지 다 아신다는 말씀이지요.

또한 하나님은 '선과 악을 판단하는 절대자'이시라는 겁니다. 솔로몬도 지혜의 왕으로서 사람들을 놀라게 하는 판단을 하기도 했습니다. 그러나 선과 악을 판단할 수는 없었습니다. 모든 사람이 마찬가지이지요. 나라마다 법이 달라 어느 나라는 무방한 일이 다른 나라에서는 범죄가 되기도 합니다. 그러나 오직 하나님만 절대적 기준으로 심판하시는 권세를 가지신 유일한 분이라는 겁니다.

전도서는 또 다른 심오한 진리를 말하는 게 아니라 우리가 이미 알고 있는 아주 단순한 내용으로 끝을 맺습니다. 전도서를 마친 소감이 어떠세요?"

"이런 식으로 성경을 공부해본 적이 없는데 한 절 한 절 읽으며 공부해서 정말 좋았습니다. 게다가 전도서를 읽었지만 이런 내용인지 알지 못하고 그저 읽기만 했던 것 같습니다."

"저도 두 분 덕분에 전도서를 공부할 수 있게 되어 참 감사합니다. 먼저 다양한 길을 찾기도 하고, 방황도 하고, 돈도 많이 쓴 솔로몬이 좋은 기록을 남겨준 덕분에 우리는 그렇게 수고와 비용이 많이 드는 방황을 하지 않을 수 있게 되어 감사하기도 하지요."

"하하, 그러네요. 결국 모든 성경은 예수님을 말하고 있는 것임을 확실히 배웠습니다."

"그렇게 말씀해주시니 제가 감사합니다. 성경은 무엇보다 '예수님을 믿는 도'를 전하는 책입니다. '전도서'도 마찬가지이지요. '헛되고 헛되다' 또는 '해 아래에 새것이 없다'와 같은 독특한 표현을 일상생활에 응용하는 것도 좋지만, 무엇보다 전도자가 전도서를 왜 썼는지를 헤아리는 게 중요합니다. 또한 전도자가 이렇게 도를 전한 것처럼 우리도 또 한 사람의 전도자로 살아야겠습니다."

"예, 그러겠습니다."

대화로 푸는

　저는 생활과 신앙에서 남편의 생각과 의견을 많이 따르는 편입니다. 2020년 말에 해운대로 이사왔을 때 남편을 통해 비슷한 시기에 부산으로 내려오신 강 목사님을 알게 됐습니다. 남편은 페이스북을 통해 강 목사님에 대해 알고 있었습니다. 남편이 강 목사님에게 연락해서 우리 부부가 목사님을 만난 적이 있는데, 강 목사님은 비신자 사역을 위해 기존 신자와의 모임에 대해서는 생각하고 있지 않다고 했습니다. 우리 부부는 계속 기다리겠다고 했습니다.

　마침내 강 목사님으로부터 연락이 와서 2022년 4월에 예배를 시작하게 되었습니다. 기대하고 기다리던 예배는 감격스러웠습니다. 이후 남편이 목사님과 성경공부를 하고 싶다고 했고, 목사님께도 말씀드렸다고 했습니다. 혹시 목사님을 귀찮게 하는 건 아닌가 생각하면서 기다렸는데 목사님이 우리 부부에게 성경공부를 할 수 있는지 물으셨습니다. 우리 부부는 평일 낮

시간이 좋다고 말씀드렸습니다. 수요일 오후에 공부하기로 했고, 남편은 지혜서를 공부하고 싶다고 했습니다. 전도서를 공부하기로 정하고 나서 전도서 12장까지 휴대폰으로 한 번 성경 본문을 듣고 첫 모임에 갔습니다.

2022년 5월 25일 성경책을 들고 낮은울타리에 가서 책상과 모니터가 있는 방에 목사님이 주신 커피 한 잔씩을 들고 있으니 어색했습니다. 남편과 둘이 한 번도 성경공부를 같이한 적이 없었기 때문에 둘이 마주보고 앉아 있는 것이 낯설었던 것 같습니다.

모니터에 전도서 1장 말씀이 띄워졌습니다. 주일학교 때부터 했던 성경공부였지만 전도서 성경공부가 특이했던 점은 그동안 성경 외에 교재나 유인물, 소책자를 가지고 했지, 참고서 적 없이 성경 본문만 보면서 해본 적이 없었기 때문입니다. 말씀을 돌아가면서 읽고 한 절 한 절 대화식으로 역사적 배경과 말씀의 의미 등을 듣고 깨닫게 되었는데, 제가 그동안 했던 성경공부와는 다르다고 할 수밖에 없습니다. 너무 새롭고 처음 들어본 말씀에 대한 설명들이었습니다.

성경공부를 하면서 느꼈던 것은 저는 아는 게 없다는 것이었고, 예수님을 믿고 있다면서 말씀에 대해 교만한 자였음을 회개할 수밖에 없었습니다. 말씀을 읽고 깨닫기보다 일독 이독 하는 것에 급급한 자였음을 하나님께 부끄럽게 고백했습니다.

매시간 말씀을 한 절 한 절 씹어서 알려주시고 말씀의 깊이를 맛보게 해주신 목사님께 감사합니다. 전도서를 공부하면서 전도서 역시 복음이라는 것을 맛보게 되었습니다. 하나님을 갈망해야 인간의 한계를 깨닫게 되며, 하나님을 찾고 찾아야 함을 알아가는 시간이었습니다.

안명순

　코로나 때문에 주일예배도 영상으로 드리고, 성도간 교제를 제대로 갖지 못해 영혼의 갈급함이 있던 차에 강 목사님과의 만남이 정말로 기뻤습니다. 함께 주일예배를 드린 지 한 달쯤 되었을 때 강 목사님이 성경공부를 하자고 하시며 무엇을 공부하면 좋겠냐고 물으셔서 주제별이 아니라 성경 본문을 공부하고 싶다고 했고, 성경 중에서는 지혜서를 공부하고 싶다고 했습니다. 그랬더니 목사님이 전도서를 공부하자고 했습니다. 강 목사님의 성경공부 제의는 제 마음에 기쁨과 열정을 갖게 했습니다.

　전도서에는 헛되고 헛되다는 구절이 반복해서 나온 것 같습니다. 그래서 전도서는 우리 인생의 헛됨이나 인생의 무상함을 말하는 것으로 알고 있었습니다. 그러나 성경공부를 통해서 솔로몬의 학식과 쾌락과 최고의 방법으로 할 수 있는 이것저것을 다 해보았지만 만족이 없고, 모든 인생의 소망은 예수 그리스도임을 알게 되었습니다.

그간 성경공부를 하면서 주로 교재를 가지고 주제별로 공부했었는데 전도서를 공부할 때 오직 성경으로만 문맥과 문맥을 보면서 문장을 해석해 나갈 때 그전에는 눈에 들어오지 않았고 알지 못했던 부분이 눈앞에 보여지는 것이 매우 신기하고 놀라웠습니다.

목사님은 우리가 기존에 성경에 대해 알고 있던 것에 대해 질문하고, 성경은 무엇을 말하고 있는지 확인함으로써 성경에 대한 오해를 풀고 성경의 문맥을 통해 의미를 볼 수 있는 것이 너무 신기할 뿐이었습니다. 목사님이 비신자들과도 이런 식으로 공부하며 복음을 전한다는 것을 알게 되었습니다.

목사님을 만남으로 성경을 좀 더 깊게 좀 더 넓게 보게 되었고 본문 자체를 봄으로써 저의 신앙에 큰 깨달음과 도움이 되었으며 영적 성장을 갖게 해주셨습니다. 그리고 생활에 적용할 수 있게 해주셨습니다.

이 은혜를 주신 하나님께 영광을 돌리고, 목사님의 모든 사역을 축복하시고 인도해주시기를 원합니다.

백중호

세상은 예측 불가이고 변화무쌍하다.
그래서 다들 세상을 잘 살아갈 지혜를 원한다.

사람은 나이가 들면 좀 더 지혜로워지는 것 같다.
노인이 인생을 보는 눈은 젊은이의 눈과 확실히 다르다.
최고의 지혜자라는 솔로몬이 노년에 남겼다는 전도서를
기대할 수밖에 없는 이유이다.

그러나 전도서는 명성만큼 심오한 깨달음을 말하지 않았다.
그래서 인기가 없는 것인지도 모른다.

결국 인간 최고의 지혜는 창조주를 고백하는 겸손이며
자신에게 주어진 평범한 먹고 자고 일하는 삶을 사는 것이다.
만인에게는 전혀 지혜로워 보이지 않지만
하나님이 지혜롭다고 하신 삶을 오늘도 살아간다.

대화로 푸는 전도서

초판 1쇄 발행	2023년 10월 25일
지은이	강신욱
펴낸이	여진구
책임편집	안수경 김도연
편집	이영주 박소영 최현수 김아진 정아혜
책임디자인	이하은 | 마영애 노지현 조은혜
홍보·외서	진효지

마케팅　김상순 강성민　　　　마케팅지원　최영배 정나영
제작　조영석 허병용　　　　경영지원　김혜경 김경희 이지수

303비전성경암송학교
이슬비전도학교 / 303비전성경암송학교 / 303비전꿈나무장학회

펴낸곳　규장

주소　06770 서울시 서초구 매헌로 16길 20(양재2동) 규장선교센터
전화　02)578-0003　　팩스　02)578-7332
이메일　kyujang0691@gmail.com　　홈페이지　www.kyujang.com
페이스북　facebook.com/kyujangbook　인스타그램　instagram.com/kyujang_com
카카오스토리　story.kakao.com/kyujangbook
등록일　1978.8.14. 제1-22

ⓒ 저자와의 협약 아래 인지는 생략되었습니다.
이 출판물은 저작권법에 의해 보호를 받는 저작물이므로 무단 전재와 무단 복제를 할 수 없습니다.

책값　뒤표지에 있습니다.
ISBN 979-11-6504-477-0　03230

규 | 장 | 수 | 칙

1. 기도로 기획하고 기도로 제작한다.
2. 오직 그리스도의 성품을 사모하는 독자가 원하고 필요로 하는 책만을 출판한다.
3. 한 활자 한 문장에 온 정성을 쏟는다.
4. 성실과 정확을 생명으로 삼고 일한다.
5. 긍정적이며 적극적인 신앙과 신행일치에의 안내자의 사명을 다한다.
6. 충고와 조언을 항상 감사로 경청한다.
7. 지상목표는 문서선교에 있다.